J'ARRÊTE DE RÂLER ! L'INTÉGRALE

Groupe Eyrolles
61, bd Saint-Germain
75240 Paris Cedex 05
www.editions-eyrolles.com

La collection « J'arrête de... » est dirigée par Anne Ghesquière, fondatrice du magazine FemininBio.com, pour mieux vivre sa vie !

Du même auteur :
Wake up !, 4 principes fondamentaux pour arrêter de vivre sa vie à moitié endormi
J'arrête de râler !
J'arrête de râler !, le carnet d'exercices, avec la collaboration de Caroline Bee

Les exercices ont été réalisés avec la collaboration de Caroline Bee.
© Shutterstock : pages 157, 165, 166
© Lili la Baleine : page 171

Dans la même collection :
J'arrête de stresser !, Patrick Amar et Silvia André
J'arrête d'avoir peur !, Marie-France et Emmanuel Ballet de Coquereaumont
J'arrête de (me) juger !, Olivier Clerc
J'arrête la malbouffe !, Marion Kaplan
J'arrête de râler sur mes enfants (et mon conjoint) !, Christine Lewicki et Florence Leroy
J'arrête d'être débordée !, Barbara Meyer et Isabelle Neveux
J'arrête de m'épuiser !, Marlène Schiappa et Cédric Bruguière
J'arrête le superflu !, Joanne Tatham

Création de maquette : Hung Ho Thanh
Mise en pages : STDI

ISBN : 978-2-212-56092-3

Christine Lewicki

J'ARRÊTE DE RÂLER !
L'INTÉGRALE

Illustrations de Margaux Motin

Deuxième tirage 2016

EYROLLES

À Philippe, mon mari, l'Amour de ma vie

Sommaire

DEUXIÈME PARTIE

TROISIÈME PARTIE

Préface

Râler est une attitude, une habitude de l'esprit souvent liées à la culture ambiante. À Bali ou à l'île Maurice, les gens ne râlent pas car ils acceptent ce que la vie leur offre sans chercher à le qualifier de positif ou négatif. Aux États-Unis, on râle assez peu, mais pour d'autres raisons : on préfère agir…

En France, on râle beaucoup. Jean Cocteau disait de nous : « Les Français sont des Italiens de mauvaise humeur. » Dans une société verticale comme la nôtre, critiquer donne le sentiment d'être « mieux » que ceux que l'on critique… C'est d'ailleurs aussi ce qui, étrangement, nous interdit d'être positifs : un sondage publié à l'automne dernier révélait que 41 % des Français pensaient qu'ils passeraient pour des imbéciles s'ils étaient aimables… Et cet état d'esprit ne date pas d'hier. En 1963, Michel Audiard faisait dire à Jean Gabin dans *Mélodie en sous-sol* : « L'essentiel, c'est de râler. Ça fait bon genre. »

Mais il y a sans doute une autre raison, tout à fait inconsciente : râler permet de se soulager de sa propre imperfection… ou plutôt de ce que l'on croit être de l'imperfection. Dans une société où il est habituel, dès l'enfance, de mettre le projecteur sur les erreurs de l'élève en cours d'apprentissage au lieu de valoriser ses réussites, ne programme-t-on pas le manque d'estime de soi de l'adulte en devenir ?

Le râleur obtient quelques rares bénéfices secondaires à son attitude, mais il ne sait pas qu'en s'exprimant de la sorte, c'est son propre malheur qu'il creuse au quotidien. Si râler compense superficiellement certaines blessures de l'ego, cela ne les répare point…

Tout le monde peut, à un moment ou un autre, se laisser prendre dans cet engrenage infernal qui peut vite devenir un mode de fonctionnement si l'on n'y prend garde. Mais la seule prise de conscience ne suffit pas : car le risque est alors d'en rajouter en… râlant contre soi-même. Dès lors, la seule question pertinente est : « Comment s'en libérer ? »

Pour tous ceux qui ne souhaitent pas passer quinze ans sur le divan qu'ils délaisseraient un jour en râlant contre leur psy, Christine Lewicki a écrit ce livre. Il a un grand mérite, une caractéristique irremplaçable qui en fait un ouvrage incontournable : son auteur connaît le sujet pour avoir elle-même bravé le problème… Bref, elle sait de quoi elle parle ! Ainsi, loin d'être l'œuvre d'un théoricien détaché posant un regard froidement analytique sur un phénomène étranger afin de formuler les recommandations raisonnées issues d'une démarche purement intellectuelle, ce livre s'appuie au contraire sur un vécu, une réalité sensible, une confrontation avec le quotidien : il a le goût, l'odeur et la force de l'expérience. C'est notamment ce qui en fait un livre précieux, un livre *nécessaire*. Pas seulement pour soi : pour le monde. Car râler, c'est tirer tout le monde vers le bas en portant l'attention de chacun sur ce qui ne va pas. *What you focus on expands* (ce sur quoi vous vous focalisez tend à s'étendre), disent les Américains. À force de relever problèmes, oublis, défaillances, imperfections et autres défauts, de leur donner l'importance qu'ils n'ont pas, on leur offre l'occasion d'envahir nos existences.

Et c'est la vie elle-même qui s'embrume alors du parfum de la déception et revêt la teinte morose de l'insatisfaction.

Finalement, on ne devrait pousser qu'un seul râle dans la vie : le dernier.

Laurent Gounelle
Auteur de contes philosophiques

Introduction

Incroyable, littéralement incroyable, je m'en remets à peine moi-même... Depuis la sortie de *J'arrête de râler !* en 2010, vous êtes des milliers à avoir rejoint la « tribu des non-râleurs » et je trouve que c'est une très bonne nouvelle pour l'avenir de notre société ! Quelle joie de constater que le développement personnel est en plein essor ces derniers temps. De plus en plus de personnes entreprennent un travail sur elles-mêmes, engagent les services d'un coach, participent à des séminaires et retraites pour élargir leurs horizons et champs de conscience afin de se créer des vies encore plus satisfaisantes.

Plus je repense à mon propre chemin, lorsque j'ai décidé de commencer mon challenge de 21 jours pour arrêter de râler, plus je me rends compte que ce défi a été probablement la démarche la plus importante dans mon parcours de développement personnel. Et cela sera peut-être aussi le cas pour vous.

À travers les séminaires que j'organise (www.christinelewicki.com/wake-up), j'ai eu la chance d'accompagner des centaines de personnes. Souvent, les personnes que je coache ressentent de la frustration car elles ne réussissent pas à se créer la vie qu'elle désirent vraiment malgré leurs efforts et le travail personnel qu'elles entreprennent. Nous revenons alors toujours ensemble à cette idée essentielle d'arrêter de râler... C'est très souvent sur ce point que ça coince encore ! Je rencontre tant de personnes qui se considèrent comme des personnes plutôt positives. Elles vont de l'avant et voient en général le verre à moitié plein plutôt qu'à moitié vide lorsqu'elles sont confrontées aux problèmes de la vie. J'ai une connexion particulière avec ces personnes parce qu'à vrai dire, j'étais exactement comme elles. Je pense même que si j'avais aperçu la couverture de mon livre *J'arrête de râler !* dans une librairie, je ne l'aurais pas acheté ! J'aurais sans doute pensé : « Je n'en ai pas besoin. Je ne râle pas, moi ! »

Il se peut que lorsque nous évoquons le sujet de la « râlerie », on pense plutôt aux gros râleurs qui nous entourent : les collègues qui râlent pour un rien tout le temps, un membre de la famille qui n'a jamais l'air content ou satisfait. Ils nous agacent et on n'a pas envie de les fréquenter. La plupart d'entre vous (tout comme moi) sont persuadés de ne pas être comme ça. Cela implique-t-il que nous ne râlons pas ? Par exemple, comment réagissons-nous lorsque notre enfant renverse son verre de lait par terre dans la cuisine ? Et lorsque nous nous retrouvons coincés dans les bouchons ? Ou alors lorsque nous nous sentons acculés par cette longue liste de choses à faire au bureau ? Nous ne sommes probablement pas comme ces gros râleurs que nous avons identifiés dans notre entourage, mais cela veut-il dire pour autant que nous, nous ne râlons pas ?

Et pourquoi est-ce si important d'arrêter de râler ? Parce que lorsque nous sommes en train de râler, nous choisissons de nous mettre en position de victimes de la situation. Nous pointons le doigt vers le coupable pour blâmer l'autre de nous faire subir une situation frustrante.

Alors oui, faire le challenge de 21 jours pour arrêter de râler est l'une des démarches les plus importantes sur le chemin qui vous mènera vers la liberté. Lorsque vous faites ce challenge, vous vous levez le matin en décidant que quoi qu'il arrive aujourd'hui (et il y aura de belles surprises…) vous ne serez victime de rien ni de personne. Lorsque vous affirmez que vous ne serez pas victime, je ne parle pas des grands événements de votre vie, je parle des petites et insignifiantes frustrations de la vie de tous les jours. Vous décidez dans votre vie de ne plus être victime du lait renversé, des bouchons sur la route, de votre surcharge de travail… Alors, comment faire autrement ? Se positionner et agir en victime ou prendre vos responsabilités pour la journée à venir et votre vie, ce sont deux parcours différents.

Lorsque vous prenez la décision que vous ne jouerez plus le rôle de la victime, alors tout devient possible. Il me semble donc qu'arrêter de râler est le plus grand pas à faire si vous voulez évoluer et changer votre vie.

Dans ce livre, je vous raconte mon histoire à partir du moment où j'ai pris la décision de ne plus subir ma vie. Je témoigne de mon challenge et je partage avec vous ce que j'ai appris en chemin et en quoi cela a transformé fondamentalement ma vie. Vous êtes nombreux à avoir choisi de vous lancer dans cette même aventure et vous m'avez écrit sur le blog www.jarretederaler.com pour partager avec moi vos découvertes, vos réussites mais aussi vos difficultés. À la lecture de vos messages, j'ai pu pleinement prendre conscience que l'élan d'enthousiasme ressenti quand on veut changer est souvent suivi d'une prise de conscience, parfois brutale, de la difficulté de le faire, quand on est confronté à la réalité ! Parfois, malgré notre bonne volonté, nous pouvons facilement nous retrouver coincés dans des impasses ou empêtrés dans de vieux mécanismes, croyances ou repères qui nous polluent et qui nous entravent. C'est bien gentil mais ce n'est pas facile en vrai de changer notre positionnement sur la vie ! Dans la réalité du quotidien, quand on se retrouve débordé, dépassé, fatigué… on fait comment, alors ?

C'est pour vous accompagner sur ce chemin que j'ai voulu ardemment vous proposer cette version intégrale de *J'arrête de râler !* Cet ouvrage mélange à la fois théorie et pratique, exemples de la vie quotidienne à l'appui. Vous y trouverez le message clair, inspirant et percutant qui a fait le succès de ce livre depuis sa sortie et vous y trouverez aussi des exercices pratiques pour vous permettre de reprendre votre vie en main pas à pas, de manière ludique, concrète et puissante. Combien de livres de développement personnel prennent la poussière sur vos étagères ? Combien d'articles inspirants avez-vous lus puis oubliés dans la minute qui suit ? Finalement, savoir ce que nous devrions faire pour avoir la vie que nous voulons n'a aucun intérêt si nous n'arrivons pas à ancrer cela dans notre réalité.

Dans cet ouvrage, je vous donne les moyens de combiner inspiration et action. En vous laissant inspirer par le message que je vous délivre et vous donnant les moyens de mettre en pratique ce que vous aurez appris, au fil des exercices, vous allez pouvoir petit à petit reprendre les rênes de votre vie. Chaque jour, vous allez découvrir toutes les ressources qui se cachent en vous et qui ne demandent qu'à être activées. Vous allez réussir à rayonner de tout votre être sur votre vie. Cette vie que j'appelle « ordinaire et pas toujours sexy » et qui, pourtant, foisonne de richesses et d'opportunités de se régaler !

PREMIÈRE PARTIE

Je me suis lancé un challenge « J'arrête de râler »

CHAPITRE 1

Comment tout a commencé

Pour être parfaitement honnête, je ne me souviens plus exactement comment tout a commencé. En arriver à ce challenge est le but de toute ma vie. Ce que je peux vous dire, c'est que petit à petit, entre les printemps 2009 et 2010, j'ai ressenti le désir de relever ce challenge : arrêter de râler ! Il a fallu du temps pour que mûrisse cette décision, et ce n'est qu'en avril 2010 que j'ai eu le déclic et que je me suis lancée. Voici les détails de mon cheminement et les raisons qui m'ont amenée à vivre cette aventure extraordinaire.

Moi la râleuse

Ce qui m'a donné envie de me lancer ce défi est finalement la prise de conscience que je me retrouvais bien trop souvent à mon goût dans des situations de frustration ou d'énervement, des moments où je me voyais en victime et du coup, je râlais ! Alors que je suis d'ordinaire plutôt positive…

À plusieurs reprises, j'ai remarqué que le soir, je me couchais fatiguée et vidée par ce que j'avais « subi » tout au long de la journée. J'avais l'impression d'avoir vécu toute ma journée comme une lutte permanente : préparer les enfants pour aller à l'école, avancer dans mon travail, être à l'heure, gérer la logistique de la maison et de mon activité professionnelle, faire face à certains conflits… Je me couchais en me demandant si j'avais profité de moments de qualité au cours de ma journée, et le bilan était plutôt négatif.

Pourtant, ma journée avait été des plus ordinaires. Rien de grave n'était arrivé. Au contraire, ça avait été une journée normale, le quotidien finalement…

Je me suis alors demandé ce qui m'empêchait de profiter de ma vie quotidienne. Les jours se succédaient les uns aux autres, trop gris, et j'avais tendance à me dire que, plus tard, quand mes trois enfants seraient plus grands (surtout la petite dernière), quand mon entreprise serait plus développée, quand je pourrais prendre plus de temps pour moi, quand je serais en vacances, quand j'aurais ma famille pour m'aider cet été, etc. Bref, plus tard, seulement plus tard, je pourrais vivre plus sereinement.

Puis j'ai commencé à me dire : pourquoi attendre demain pour me sentir plus heureuse ? C'est dommage tout de même, parce que le quotidien, c'est ça la vraie vie, non ?

→ Exercice 1 : Test : Quel(le) râleur (râleuse) suis-je ? (p. 40)

« Hier n'est plus, demain n'existe pas… Seul aujourd'hui existe. » Ce sont les paroles d'un sage. Je les avais certes déjà entendues, mais dès lors je me suis décidée à les mettre en pratique.

Je suis une « mampreneur[1] » et mes journées sont chargées, entre mon entreprise (O Coaching Inc.), mes trois enfants qui vont dans trois écoles différentes, les activités de chacun (piscine, foot, piano…), mes responsabilités en tant que bénévole au bureau des directeurs de la Fédération de coaching de Los Angeles (ICFLA), ma vie de femme, d'épouse, de maman… le tout à 10 000 km de tout soutien familial dans une ville tentaculaire où tout va très vite !

1. Contraction de « maman » et « entrepreneur ».

Le soir dans mon lit, la tête sur l'oreiller, les yeux grands ouverts, j'ai cherché comment faire pour que mon quotidien soit source de plus de légèreté et de satisfaction, alors que ma vie me semblait plutôt chaotique.

Nous vivons tous des moments particulièrement joyeux et heureux : les week-ends, les vacances, les fêtes, les dîners avec les copains ponctués d'éclats de rire, les sorties en amoureux, les mariages, les voyages... Mais aussi tous ces précieux petits moments de détente comme par exemple un massage, un moment où l'on prend particulièrement soin de soi. Tous ces instants de bonheur et de plénitude nous sortent de notre train-train quotidien, mais il faut bien reconnaître que ce sont des petits bonheurs éphémères, souvent occasionnels, sinon exceptionnels.

Mais qu'en est-il du reste de notre vie ? Notre quotidien est bien plus souvent banal, rythmé par nos divers engagements... En y réfléchissant, je réalisais quel grand gâchis c'était de laisser s'écouler toutes ces heures « normales » de ma vie, sans leur trouver d'attraits, et encore plus de les subir.

Je veux du bonheur quotidiennement... car je sais qu'un jour ou l'autre je vais mourir. Chaque minute est extrêmement précieuse. Ma vie est un cadeau et je compte bien en profiter pleinement.

Et je me suis rendu compte que ce qui me minait le plus, c'était tous ces moments où je râlais. Faire les choses en bougonnant, m'énerver sur mon ordinateur, râler au volant de ma voiture, cancaner, me plaindre des enfants, soupirer, rechigner, râler encore et toujours... Cela polluait ma vie et, soyons réalistes, c'était tout à fait stérile.

Toujours la tête sur mon oreiller, scrutant la lampe au-dessus de mon lit, je me suis interrogée sur ma vie. Je suis le genre de personne à toujours dire que « la vie est belle », alors pourquoi râler ? J'étais en bonne santé, plutôt joyeuse et positive, heureuse dans mon mariage, gaga de mes enfants, j'adorais mon métier... Et pourtant, quelles que soient les circonstances, je trouvais encore le moyen de râler et de me coucher vidée, frustrée, lessivée…

→ Exercice 2 : Quelle est la cause de mes râleries ? (p. 45)

> « La sensation d'être heureux ou malheureux dépend rarement de notre état dans l'absolu, mais de notre perception de la situation, de notre capacité à nous satisfaire de ce que nous avons. »
>
> **Le Dalaï-Lama**

C'est alors que je me suis dit : « Et si j'arrêtais de râler, tout simplement ? »

Oui, je sais, j'ai écrit « tout simplement », mais je sais, à présent que j'écris ces lignes après avoir réalisé le challenge, que ce n'est pas si simple ! L'idée est surtout de choisir entre philosopher sur le bonheur, lire plein de livres et aller à des séminaires sur la question, ou bien décider aujourd'hui de commencer à faire tout ce que l'on peut pour le vivre, en commençant par s'engager à ne plus râler du tout pendant 21 jours consécutifs ! Et ensuite, voir ce qui se passe !

Aux États-Unis, où je vis depuis de nombreuses années, ce genre de challenge en 21 jours pour arrêter de râler (ou fumer, se mettre à méditer, perdre du poids, exprimer sa gratitude…) est assez courant[2], et je me suis dit : « Je ne peux plus reculer, je dois le faire moi aussi jusqu'au bout, pour moi, ma vie, ma famille. » Je vous donnerai plus de détails sur le « pourquoi » des 21 jours dans la troisième partie de ce livre (voir p. 177).

2. Les plus connus sont ceux proposés par Edwene Gaines dans son livre *Les Quatre Lois spirituelles de la prospérité* (AdA, 2012) et Will Bowen dans son livre *21 jours sans se plaindre* (Éditions de l'Homme, 2015).

Quand j'ai commencé mon challenge, je n'avais aucune idée de l'ampleur de mes râleries (ça a été un choc quand je m'en suis rendu compte !), ni de ce que relever ce défi allait m'apporter.

Moi et les râleurs

J'ai aussi eu envie de me lancer dans ce challenge après avoir remarqué à quel point les personnes qui râlent autour de moi puisent mon énergie. Quand je côtoie un râleur en ville, dans mon travail, à la maison, cela m'affecte beaucoup. Je suis sensible à ces « ondes » négatives que ces personnes dégagent et qui polluent ma journée. Soit je ressens leur fureur, soit j'ai beaucoup d'empathie pour leurs plaintes, parfois même je me sens coupable et me demande si ce n'est pas de ma faute s'ils râlent !

→ Exercice 3 : Il y a de la râlerie dans l'air ! (p. 47)

Et vous, êtes-vous aussi entouré de râleurs ? Comment vous sentez-vous quand vous les entendez se plaindre ?

Pour moi, ça a été une réelle prise de conscience. Cette sensibilité que je ressens au contact de râleurs m'a fait réaliser l'importance de moins râler moi-même pour préserver le bien-être de mon mari, de mes enfants, de mes amis, de mes relations professionnelles ou encore de mon équipe.

Si je suis aussi sensible aux râleries des autres, alors je dois changer !

Le déclic

Je me souviens précisément du jour où j'ai eu le déclic et décidé de me lancer pour de bon. Ma conversation intérieure, dans mon lit, avait eu lieu quelques semaines auparavant, mais je n'avais pas encore eu le courage de me lancer. Vingt et un jours consécutifs sans râler, c'est un gros défi. Je m'étais donné une multitude d'excuses : pas le temps, pas le bon moment, pas envie de me stresser avec une obligation supplémentaire, ni de m'imposer une nouvelle contrainte.

Et pourtant un jour, alors que nous étions avec une bande d'amis très proches, j'ai eu ce déclic. Nous étions tous à table chez mon amie Sabine, qui avait eu la gentillesse de nous recevoir. Un beau repas du dimanche avec toute une ribambelle d'enfants qui couraient partout, pendant que leurs parents prolongeaient le festin autour d'un café. C'est alors que nous avons commencé à parler des gens qui râlent tout le temps. Nous sommes tombés d'accord : c'est minant d'être entouré de râleurs. Et là, je me suis entendue dire : « Ah ! Les gens qui râlent tout le temps, c'est franchement nul, ils perdent leur temps… » Et tout à coup, j'ai eu un flash, j'ai pris conscience que j'étais en train de râler sur les râleurs !

Il m'a fallu cette prise de conscience pour décider d'agir, de sortir de cette spirale, de cette habitude qui ne me convenait pas. Et c'est ainsi que le challenge « J'arrête de râler » est né. J'ai fait une petite vidéo, que j'ai postée sur un blog créé pour l'occasion (www.jarretederaler.com), et j'ai diffusé le lien sur les réseaux sociaux… L'information a commencé à circuler. Au bout de quelques jours, plusieurs blogueurs connus relayaient à leur tour mon message, puis j'ai été invitée sur RMC dans l'émission « Deux minutes pour convaincre ». Quelques semaines plus tard, la presse (le mensuel *Psychologies* et l'hebdomadaire *Le Pèlerin*) publiait des articles sur mon blog[3]. Manifestement, ce challenge n'intéressait pas que moi ! Et maintenant, si vous avez ce livre entre vos mains, c'est que ce message vous parle à vous aussi !

J'ai choisi de ne pas faire cette démarche en cachette, dans le silence. Avec le blog, j'ai voulu la partager, dire haut et fort mon cheminement afin d'être soutenue. Le blog a eu cet effet, il m'a permis de faire un

3. jarretederaler.com

bilan quotidien et d'échanger avec mes lecteurs pour tirer les leçons de ce challenge. Vous trouverez d'ailleurs tout au long de ce livre des exercices dont une série de mini-challenges qui vous permettront, vous aussi, de faire ce bilan et d'en tirer des leçons.

→ Exercice 4 : Je fais le tri dans mes pensées (p. 48)

Merci Gandhi

En démarrant ce challenge, je me suis sentie guidée par la sagesse de Gandhi : « Soyez le changement que vous voulez voir dans ce monde. »

L'idée est de se changer soi-même plutôt que de passer son temps à critiquer les autres. Si je suis agacée par les gens qui râlent, alors je dois commencer par arrêter de râler, car ce n'est pas en faisant la morale qu'on change le monde, c'est en montrant l'exemple. Je ne peux prétendre changer les autres, mais une chose est sûre : je peux changer.

J'ARRÊTE DE RÂLER ! L'INTÉGRALE

CHAPITRE 2
La face cachée de nos râleries

En avril 2010, lorsque je me suis lancée dans ce challenge, je me suis engagée à poster une vidéo par jour sur mon blog pendant trente jours minimum. Alors que je tentais d'atteindre 21 jours consécutifs sans râler, j'ai voulu faire un débriefing de mes journées, sous forme de vidéo, pour informer mes lecteurs si j'avais râlé ou non, et surtout pour tenter d'analyser ce qui s'était passé. Avant de filmer, je me posais les questions suivantes :

- Si j'ai râlé, qu'est-ce qui m'a amenée à râler ?
- Si je n'ai pas râlé, qu'est-ce que j'ai changé pour y parvenir ?

Dans ce chapitre, je voudrais partager avec vous le résultat de mes analyses et de mes recherches sur ce qui se passe en nous quand nous râlons et ce que nous pouvons faire pour changer. Je crois profondément qu'en mettant en lumière notre fonctionnement interne, en levant le rideau sur la face cachée de nos râleries et en identifiant clairement ce qui nous amène à une telle réaction, nous pouvons mieux nous comprendre et améliorer notre quotidien « en conscience ».

La quête du bonheur

Aristote le résume très bien : « Le bonheur est le but et la cause de toutes les activités humaines. » Nous souhaitons tous le bonheur. C'est la plus grande quête de l'existence. C'est pourquoi je crois profondément que tout ce que nous faisons dans la vie est lié à notre quête de bonheur, à notre volonté de satisfaire ce besoin profond que nous avons en nous, même quand nous râlons :

- Quand nous râlons contre notre patron, nous cherchons à satisfaire notre besoin de respect ou de reconnaissance.
- Quand nous râlons contre les hommes politiques, nous voulons qu'ils nous prennent en compte dans leurs décisions.
- Quand nous râlons sur la route contre les automobilistes, nous manifestons notre besoin d'être à l'heure ou de nous sentir en sécurité.
- Quand nous râlons contre nos enfants, nous aspirons en fait au calme, à la liberté, à l'ordre et au repos. Mais c'est aussi l'expression de notre besoin d'être rassurés sur l'éducation que nous leur donnons.

Nous nous levons en ronchonnant, nous râlons plusieurs fois avant de prendre le petit-déjeuner, nous pestons dans les transports en commun ou en voiture, contre nos enfants, l'État, l'administration, notre patron, avec ou contre nos collègues, notre conjoint... Bref, tout le monde y passe !

Et pourtant, en râlant ainsi, nous n'adoptons pas la stratégie la plus favorable ni la plus efficace pour accroître notre bonheur. Nous nous positionnons en victimes (voir p. 115) et nous nous contentons de lever le ton ou de ruminer (parfois, et même souvent, encouragés par notre entourage).

Avons-nous peur d'être « différents » en choisissant le bonheur ?

Avez-vous remarqué que se plaindre crée des liens avec les autres autour de nos malheurs ? Nos sujets de râleries nous rendent solidaires les uns des autres et sont parfois à l'origine de nouvelles amitiés. C'est encore plus vrai au travail ou dans les lieux publics. Se plaindre est aussi un moyen utilisé à longueur de journée pour briser ce silence inconfortable qui s'installe quand on est en présence de personnes que nous ne connaissons pas. C'est le cas des conversations sur le temps qu'il fait – toujours peu clément ! –, dans les ascenseurs, ou encore à propos des retards des trains ou des avions – jamais à l'heure.

Grâce à mon métier de coach et à mes recherches dans le domaine du développement personnel, j'ai chaque jour la preuve que la manière dont on choisit de vivre une situation crée notre réalité. En effet, bien que nous ne puissions pas toujours choisir ce qui nous arrive, nous pouvons cependant toujours choisir notre réaction. Et celle-ci impacte notre quotidien, notre vie.

À tout moment, on a le choix de vivre sa vie comme on le souhaite, quoi qu'il arrive. Douleurs, échecs, galères, difficultés... On peut choisir de se considérer comme une victime impuissante ou d'être acteur de son bonheur. On peut choisir d'être accablé ou bien de se prendre en main et savourer, célébrer ce que la vie nous donne.

Bien trop souvent en revanche, je remarque qu'on se sent mal à l'aise quand se pose la question de choisir le bonheur. C'est parce que nous sommes entourés de personnes qui préfèrent râler, se plaindre et se positionner en victimes. Il y a comme une culture de la râlerie à tout va, et choisir le bonheur, ce serait finalement être « différent ».

> « Il n'y a pas de honte à préférer le bonheur. »
>
> ***La Peste*, Albert Camus (1947)**

Je tiens ici à partager avec vous un texte anonyme diffusé sur Internet qui m'a beaucoup parlé et que j'ai lu alors que j'étais en plein dans mon challenge.

Une épidémie mondiale

L'OMB (Organisation mondiale du bien-être) prévoit que des milliards d'individus seront contaminés dans les dix ans à venir.

Voici les symptômes de cette terrible « maladie » :

1. Tendance à se laisser guider par son intuition personnelle plutôt que d'agir sous la pression des peurs, idées reçues et conditionnements du passé.

2. Manque total d'intérêt pour juger les autres, se juger soi-même et s'intéresser à tout ce qui engendre des conflits.

3. Perte complète de la capacité à se faire du souci (cela représente l'un des symptômes les plus graves).

4. Plaisir constant à apprécier les choses et les êtres tels qu'ils sont, ce qui entraîne la disparition de l'habitude de vouloir changer les autres.

5. Désir intense de se transformer soi-même pour gérer positivement ses pensées, ses émotions, son corps physique, sa vie matérielle et son environnement afin de développer sans cesse ses potentiels de santé, de créativité et d'amour.

6. Attaques répétées de sourires, ce sourire qui dit « merci » et donne un sentiment d'unité et d'harmonie avec tout ce qui vit.

7. Ouverture sans cesse croissante à l'esprit d'enfance, à la simplicité, au rire et à la gaieté.

8. Moments de plus en plus fréquents de communication consciente avec son âme, ce qui donne un sentiment très agréable de plénitude et de bonheur.

9. Plaisir de se comporter en guérisseur qui apporte joie et lumière plutôt qu'en critique ou en indifférent.

.../...

10. Capacité à vivre seul, en couple, en famille et en société dans la fluidité et l'égalité, sans jouer ni les victimes ni les bourreaux.

11. Sentiment de se sentir responsable et heureux d'offrir au monde ses rêves d'un futur abondant, harmonieux et pacifique.

12. Acceptation totale de sa présence sur Terre et volonté de choisir à chaque instant le beau, le bon, le vrai et le vivant.

Si vous voulez continuer à vivre dans la peur, la dépendance, les conflits, la maladie et le conformisme, évitez tout contact avec des personnes présentant ces symptômes.

Cette maladie est extrêmement contagieuse !

Si vous présentez déjà des symptômes, sachez que votre état est probablement irréversible.

Les traitements médicaux peuvent faire disparaître momentanément quelques symptômes mais ne peuvent s'opposer à la progression inéluctable du « mal ».

Aucun vaccin anti-bonheur n'existe.

Comme cette maladie du bonheur provoque une perte de la peur de mourir, qui est l'un des piliers centraux des croyances de la société matérialiste moderne, des troubles sociaux risquent de se produire, tels des grèves de l'esprit belliqueux et du besoin d'avoir raison, des rassemblements de gens heureux pour chanter, danser et célébrer la vie, des cercles de partage et de guérison, des crises de fou rire et des séances de défoulement émotionnel collectives.

Texte anonyme diffusé sur Internet

Notre culture nous pousse à râler pour soulager nos frustrations. Nous ne nous posons pas vraiment de questions, nous suivons le mouvement, en faisant et en râlant comme tout le monde.

Pour moi, ce challenge a vraiment mis en évidence combien l'on a tendance à se sentir plus en sécurité quand on « communie » avec les autres autour de nos problèmes. Nous avons tellement l'habitude de râler ensemble que de prime abord, nous pensons que faire autrement nous ferait sortir de la norme, nous exclurait.

La norme est rassurante, on sait à quoi s'attendre quand on râle : notre interlocuteur sera plein de compassion pour nous, ou bien encore il alimentera nos propos et sera solidaire de notre souffrance.

De plus, une conversation composée de râleries reste « en surface » : elle permet de ne pas se dévoiler ni ne menace les autres, car nous ne les invitons pas à mener la conversation à un niveau plus profond ou plus élevé. Nous restons en surface à converser sur des choses négatives, sans prendre de risques. Avez-vous remarqué combien il est toujours plus facile de dire ce contre quoi l'on est, plutôt que ce pour quoi l'on est ?

Parfois, dans nos petites conversations quotidiennes, on râle parce qu'on croit que si l'on parle de ce qui va bien pour nous, si l'on célèbre ces moments, notre bonheur va nous être confisqué ou que les autres vont nous regarder bizarrement et nous envier. Alors, on choisit de focaliser notre attention sur ce qui est difficile, sur ce qui ne marche pas. Au bout du compte, nous créons tous des « festins » de râleries. Nous concentrons notre attention sur nos problèmes et, ce faisant, nous attirons encore plus de choses dont nous ne voulons pas dans notre vie.

Essayez vous-même : laissez-vous aller à râler dès le réveil et vous verrez que votre journée sera pleine de bonnes excuses pour continuer sur cette lancée.

Conseils

Quand vous commencez le challenge, essayez de ne pas râler pendant la première heure qui suit votre réveil. Faites le choix délibéré du bonheur et commencez votre journée sans râler : vous verrez que votre journée sera pleine de merveilleuses raisons de continuer ainsi.

Dans les lieux que vous fréquentez, les ascenseurs, sur les quais de gare ou de métro..., soyez attentif à ne pas contribuer aux râleries environnantes. Osez être différent, même autour de la machine à café !

Finalement, en râlant par automatisme, nous cachons les vrais sujets grâce auxquels nous pourrions avancer pour être plus heureux. Prenons le temps d'observer ce qui se cache derrière nos râleries.

→ Exercice 5 : Je fais l'inventaire de ma vie (p. 50)

Et si on commençait par demander clairement de l'aide

Combien de fois je me suis retrouvée à ruminer dans ma cuisine parce que tout le monde vaquait à ses occupations et que j'étais seule pour débarrasser la table et nettoyer. Je râlais dans mon coin, en victime, une éponge dans une main et un balai dans l'autre.

→ Exercice 6 : Grand nettoyage de printemps ! (p. 62)

Parfois, on râle simplement parce qu'au fond on veut de l'aide, mais on préfère ruminer au lieu de le demander clairement. Ce challenge m'a beaucoup aidée, car j'ai enfin compris que si je voulais arrêter de râler, c'était à moi d'exprimer mes besoins, de les affirmer et de faire tout ce qui était en mon pouvoir pour recevoir l'aide que je désirais. J'ai décidé de demander clairement et fermement d'être aidée tous les soirs, et désormais nous débarrassons la table tous ensemble dans la bonne humeur.

Ou bien je râlais parce que ma maison était trop en bazar à mon goût et je n'avais jamais assez d'aide pour la ranger. À plusieurs reprises, j'ai eu l'impression de réclamer clairement de l'aide, mais j'oubliais de m'assurer que mon message avait été bien reçu. Je demandais puis laissais couler, trop occupée par ce que j'avais à faire. Vous vous reconnaissez dans ce portrait ? Par exemple, je me contentais souvent d'appeler du bas des escaliers mes enfants qui étaient à l'étage : « Venez ranger votre bazar sur la table du salon », « Venez m'aider à vider le lave-vaisselle », forcément sans grand succès ! Ce qui est incroyable, c'est que j'ai fonctionné comme ça pendant des années, sollicitant des personnes qui n'étaient même pas dans la même pièce que moi… Et j'espérais être entendue !

Autant dire que je créais moi-même des situations propices à la râlerie. Grâce à ce challenge, je suis maintenant consciente qu'il est important de regarder mon interlocuteur dans les yeux quand je réclame son aide, mais aussi de lui expliquer bien en détail ma demande.

Aujourd'hui, à la maison, on peut aller jusqu'à une petite négociation pour trouver un accord : « Combien de temps te faut-il pour finir ton jeu ? Cinq minutes ? D'accord, alors après tu descends tout de suite, car le dîner va être prêt et si on attend encore, il sera trop cuit. » Ou bien encore : « Combien de temps te faut-il pour finir ton jeu ? Vingt minutes ? Cela va être trop long, le dîner va être trop cuit (ou froid) si on attend aussi longtemps. Ça te va si tu mets ton jeu sur pause pour le finir plus tard ? »

Conseils

Demandez clairement et fermement de l'aide. Soyez ouvert à la négociation et n'oubliez pas que, parfois, il est plus agréable de donner envie aux autres de nous aider plutôt que d'essayer de les forcer à le faire.

Libérons-nous de nos automatismes

Repensez à votre journée ou aux quelques jours qui viennent de s'écouler. Y a-t-il une râlerie qui revient tout le temps ? Une râlerie qui est constante, toujours là et qui vous colle à la peau ? Personnellement, mes « râleries automatiques » ont été pendant des années : « C'est le bazar ! » et « Viiiite, on va être encore en retard ! »

Les lecteurs de mon blog ont eux aussi partagé leurs râleries récurrentes. Pour certains, c'était : « J'en ai marre » ou « Ça me saoule ». Pour d'autres : « Pfft, j'ai mal au dos » ou « Je suis fatiguée ». Voici leurs témoignages.

« J'ai l'impression qu'à partir du moment où j'ai décidé d'arrêter de dire "J'en ai marre", j'ai décidé en fait d'arrêter de voir toujours les choses comme des corvées. Comme tu le dis, cela devient un choix. [...] De façon plus générale, je crois que depuis que j'ai pris connaissance de ton blog, j'ai réussi à moins râler et donc à être plus agréable à fréquenter. »

Sabrina

« Ma râlerie automatique, c'est "J'suis fatiguée" (trois enfants dont le dernier qui ne fait ses nuits que depuis deux mois alors qu'il va avoir 3 ans, ça laisse des traces !), mais il est vrai qu'à force de le verbaliser, cela devient comme une seconde peau tant et si bien que mon grand m'a un jour rétorqué : "Mais maman, tu es toujours fatiguée !" Depuis, je me soigne, mais cette phrase ressort régulièrement et pas forcément pour exprimer de la fatigue ! »

Christine

« Ma râlerie principale porte en général sur les ordinateurs, je m'énerve, je crie, je peste, je fulmine quand la machine ne semble pas faire ce que je lui demande ou quand un site Internet ne me donne pas l'information que je cherche. Le pire, c'est quand j'ai oublié de sauvegarder mon travail et que je perds tout à cause d'un problème ou d'une fausse manipulation. Dans ces moments-là, je me mets dans tous mes états. Tous les jours je me retrouve à râler, et pourtant je sais bien que cela ne changera rien. Je me pourris la vie et je ne peux même pas espérer que cela va changer quoi que ce soit ! Quel gâchis ! »

Paul

Eh oui, il faut l'admettre, on a tendance à grogner toute la journée sur la même chose. On a tous une râlerie qui revient à longueur de temps. Il suffit de très peu de chose pour déclencher cette râlerie. C'est ce que j'appelle la « râlerie réflexe ». Celle qui sort toute seule sans raison profonde, celle qu'on marmonne à tous les coups quand on a une petite baisse de moral et qu'on essaie d'attirer l'attention ou la compassion. Mais finalement, tout cela ne sert pas à grand-chose.

→ Exercice 7 : Ma râlerie préférée ! (p. 63)

Conseils

Identifiez votre « râlerie réflexe ». Au début du challenge, pendant quelques jours pour commencer en douceur, concentrez-vous dessus pour ne plus l'exprimer. Si nécessaire, faites en sorte de soulager votre frustration. Par exemple, si vous avez mal au dos, arrêtez-vous et prenez le temps de faire des étirements. Ou bien, si vous souffrez d'être toujours en retard, forcez-vous à partir dix minutes plus tôt.

De même, avez-vous remarqué comme on se plaint souvent automatiquement de nos fournisseurs ou des organismes d'État ? Sous prétexte que l'on est client ou citoyen, on s'autorise à se plaindre, on hausse le ton, on envoie des lettres agressives, on s'énerve pour obtenir d'être soi-disant mieux servi ou pour que nos droits soient mieux respectés. Cela donne l'impression que râler est la seule manière de changer les choses. Nous choisissons de développer un argumentaire menaçant, stérile et automatique pour faire valoir notre point de vue. Ou bien nous nous sentons victimes et passons notre temps à nous plaindre.

Personnellement, j'ai pu clairement constater qu'arrêter de râler m'a permis d'améliorer grandement mes relations avec mes fournisseurs et les différentes institutions avec lesquelles je travaille. Mon calme et ma détermination sont devenus mes atouts. Lorsque j'ai un problème avec un fournisseur, je m'en occupe avec fermeté, mais sans râler. Je me positionne comme étant désireuse de trouver une solution et ouverte à toute proposition. Nous pouvons donc maintenir une relation fondée sur le respect et établir une collaboration fructueuse.

« Alors que je travaillais pour un prestataire de services, nous avions souvent des clients mécontents, car il faut bien avouer que nos processus étaient source d'erreurs. Certains clients arrivaient en râlant de manière stérile par pur automatisme en se disant que c'était la seule manière d'obtenir quelque chose de nous, et d'autres nous exposaient le problème pour qu'on trouve une solution. Rétrospectivement, je fais le constat que nous arrivions toujours à trouver des solutions pour ceux qui ne râlaient pas... Pour les autres, on restait dans l'impasse. »

Olivier

Râler pour rire

Nous usons souvent de sarcasmes, faisons de l'humour sous forme de râleries pour attirer l'attention. Nous justifions nos propos négatifs par le fait qu'ils font rire. Et c'est vrai que, parfois, ils sont drôles ! Tout le monde craint les drames de la vie, et pourtant, une fois de plus, nous râlons et montrons aux autres que râler peut être gratifiant. J'ai même déjà entendu dire des choses très dures sur le ton de la rigolade. On enrobe un propos négatif ou un jugement brutal sous couvert d'humour, mais le message – et le malaise – n'en est pas moins présent.

Conseils

Notez toutes les fois où vous râlez sous couvert de rigolade. Apprenez ensuite à faire la différence entre les vraies bonnes blagues et celles qui cachent en fait des moqueries, un message de frustration ou encore un jugement négatif.

Râler et être résigné

Souvent nous nous sentons victimes et ne voyons aucune solution à nos problèmes. Nous préférons râler sur notre sort et nous dire que de toute façon, il n'y a rien à faire... Bref, nous sommes résignés. On met alors au point un argumentaire prouvant que les autres sont mauvais et qu'il faut nous méfier des gens car les « vraies valeurs » ont disparu... On généralise, on trouve la situation inconfortable et l'on cherche un coupable.

Cela peut paraître anodin, mais en agissant ainsi, on entre dans une spirale infernale : quand on est résigné, on reste coincé dans une situation donnée et rien ne change – au contraire, tout empire. On perd confiance, on tue l'espoir, on se méfie de tout et de tous, et la vie perd son sens. On cultive le côté dangereux de la vie plutôt que son côté généreux.

→ Exercice 9 : Je supprime mes petits mensonges pour avoir le mot juste (p. 65)

Râler pour briller

Quand nous diminuons l'autre (le chauffard sur la route, notre collègue au travail, notre chef, etc.) pour tenter de démontrer que nous sommes supérieurs à lui, c'est en fait l'expression d'un grand besoin de reconnaissance et d'un manque d'estime de soi.

À plusieurs reprises dans mon challenge, je me suis retrouvée dans ce genre de situations. Je râlais pour finalement conclure : « Moi, je suis mieux. » Si une voiture ne me laissait pas passer, par exemple, je traitais le conducteur de chauffard, ou bien si la préposée au guichet ne pouvait pas résoudre mon problème, je la qualifiais d'incompétente...

Le besoin de reconnaissance est primordial chez l'homme, et il ne faut surtout pas le négliger. Le psychologue Abraham Maslow s'est beaucoup intéressé à ce sujet lorsqu'il a voulu définir les leviers de la motivation. Pour cela, il a réalisé une étude approfondie auprès d'étudiants d'université. De cette recherche est née sa célèbre hiérarchie des besoins humains décrits sous forme de pyramide[1].

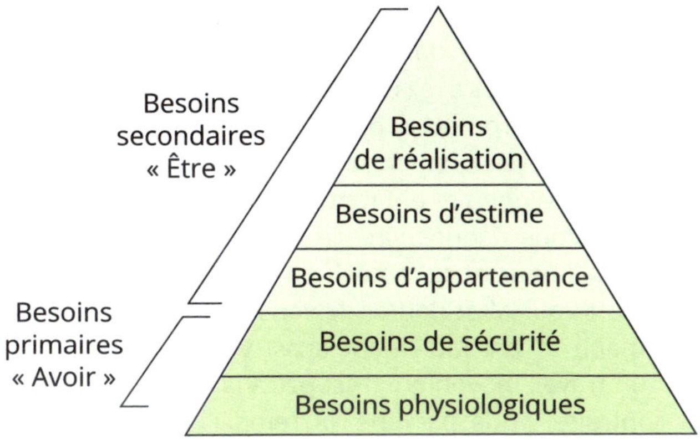

La pyramide des besoins selon Maslow

D'après Maslow, un besoin supérieur ne peut être pleinement satisfait qu'après la satisfaction des besoins primaires décrits dans cette pyramide. Il estime que les besoins d'appartenance et d'estime doivent être comblés avant ceux de réalisation et d'accomplissement. Or, aujourd'hui, nous vivons nos vies à 300 à l'heure dans nos études, puis dans notre travail et nos projets, bref, dans tout ce qui pourrait satisfaire notre besoin de réalisation. Nous nous fixons des objectifs et des délais parce que nous voulons réussir, faire la différence, prouver aux autres notre utilité ou nos capacités… Et malheureusement, trop souvent, nous ne sommes pas au meilleur de nous-mêmes. Nous

1. D'après Abraham Maslow, *L'Accomplissement de soi : de la motivation à la plénitude*, Eyrolles, 2013.

dérivons et nous râlons, car notre besoin d'estime de soi et des autres n'a pas été comblé.

Notre besoin d'estime de soi doit être satisfait avant notre besoin de réalisation (et non pas le contraire !). Avoir pour objectif de recevoir de la reconnaissance grâce à son statut et à sa réputation est un long chemin extrêmement difficile à parcourir. Les conditions de cette réussite doivent être rassemblées dans le bon ordre pour y parvenir. Par exemple, imaginons que vous ayez une faible estime de vous et que vous essayiez d'obtenir une promotion pour être enfin reconnu. Vous prenez donc en main un dossier important en pensant que ce projet va vous permettre d'être reconnu et enfin promu (ce qui augmenterait votre estime de vous). Vous risquez vite de vous essouffler et vous aurez beaucoup de mal à boucler ce fameux dossier et à obtenir cette fameuse promotion, car vous allez douter de vous-même, procrastiner (reporter au lendemain) et probablement aussi vous saboter vous-même en réalisant un travail moyen qui n'est pas à la hauteur de votre potentiel. Si, au contraire, vous parvenez à remplir votre réservoir d'estime personnelle au quotidien, vous aurez alors plus de carburant pour vous réaliser.

> « – Les gens sont cons, les gens sont nuls, les gens sont méchants.
>
> – Mais, vous savez, ils disent peut-être la même chose de vous !
>
> – Ah ! Et en plus, les gens sont médisants ! »
>
> ***Le Chat*, Geluck**

Quand le niveau de notre réservoir est trop bas, nous râlons, car c'est un moyen de nous mettre en valeur, de restaurer notre estime de soi. Pour obtenir de la reconnaissance, nous tentons de nous mettre au-dessus ou à distance des autres. En disant par exemple : « J'avais pourtant bien dit que cette idée était ridicule, on ne m'écoute jamais » ou encore « Les gens conduisent n'importe comment » (sous-entendu : « Moi, je conduis bien »), on veut briller. Ainsi, d'une manière générale, j'ai pu identifier qu'à chaque fois que vous parlez « des gens », vous pouvez être sûr que vous êtes en train de râler pour mieux briller.

Les lecteurs de mon blog s'en sont eux aussi rendu compte.

« Il est clair qu'on ne peut pas refaire le monde, les "ils" ne changeront pas pour nous, de même que nous sommes les "ils" des autres et qu'on ne veut pas forcément changer pour aller dans leur sens. Moralité : arrêtons de râler sur les "ils", essayons juste de vivre en bonne intelligence et de comprendre nos différences de jugement, et espérons que les "ils", emportés par notre bonne humeur, arrêteront de râler sur nous ! »

Lætitia

La question importante que soulève ce challenge est la suivante : comment obtenir de la reconnaissance et augmenter notre estime sans recourir aux râleries ?

Et si nous commencions par nous apprécier nous-mêmes un peu plus ? Si nous prenions chaque jour le temps de célébrer ce que nous avons accompli, même les plus petites réussites ?

Conseils

Tous les jours, prenez le temps de célébrer ce que vous avez accompli plutôt que de vous accabler de reproches pour tout ce qu'il vous reste à faire.

Régulièrement, demandez-vous de quoi vous pouvez être fier. N'hésitez pas à noter votre réponse sur un papier que vous apposerez sur votre miroir, ou à un endroit où vous pourrez le voir facilement.

Râler pour amener plus de monde à partager notre point de vue

C'est valable notamment en politique, à l'occasion de grèves ou de manifestations, par exemple, ou dans toute situation où l'on a du mal à se faire entendre seul. On choisit de véhiculer un message négatif de frustration afin d'attirer l'attention des autres sur un sujet. Nos râleries servent à rallier des troupes pour aller au combat. Plus on râle fort, plus on pense que de nombreuses autres personnes vont rejoindre notre camp, et plus on croit que « les coupables », les responsables de ces situations, seront obligés de changer.

À ce sujet, je me souviens lorsque je travaillais, il y a maintenant quelques années, sur un salon d'antiquaires à Los Angeles pour me faire un peu d'argent. J'avais été embauchée par un grand antiquaire parisien à la recherche d'une personne bilingue pour accueillir sa clientèle. C'était la première édition de ce salon, et manifestement l'organisateur n'avait pas réussi à attirer suffisamment de visiteurs. Nous passions nos journées à attendre des clients qui défilaient au compte-gouttes. Finalement, au soir du troisième jour, la trentaine d'exposants s'est réunie pour définir un plan d'action. Ensemble, nous étions en train de chercher une solution pour attirer plus de visiteurs, et tout le monde y mettait du sien. Au bout d'une demi-heure, une personne s'est mise à râler, à crier même. Manifestement, elle pensait qu'en levant le ton et en désignant du doigt les coupables, elle allait parvenir à faire changer les choses. C'est l'inverse qui s'est produit. D'un coup, toute la magie du génie collectif a disparu... Les cris et les râleries ont complètement cassé l'esprit collaboratif du moment. Les participants ont finalement focalisé leur attention non plus sur la recherche de solutions à leur problème, mais sur la façon de calmer le râleur et quel camp choisir. Un conflit a éclaté et nous n'avons abouti à aucun résultat. Nous avons fini la semaine ainsi, râlant en permanence sur l'échec de ce salon et pointant du doigt les responsables. Quel gâchis !

En cédant à des dérives dans notre langage, en exagérant les situations, nous pensons détenir une stratégie judicieuse et puissante pour arriver à nos fins face aux autres. Mais en fait, nous perdons tout pouvoir. Au contraire, en assumant nos actes et nos imperfections, nous accédons à une vraie puissance. Celle de l'intégrité.

→ Exercice 10 : Je reste ouvert aux opportunités... (p. 68)

Râler pour s'insurger

Certaines personnes, à la lecture de mon blog, ont voulu me démontrer que râler pouvait générer des changements positifs, que s'insurger pouvait permettre de prendre en main nos vies et changer ce qui ne nous convient pas. Pour moi, tout cela n'a rien à voir avec le fait de râler. En effet, il faut savoir différencier les moments où nous râlons en nous considérant comme des victimes impuissantes et les moments où nous nous insurgeons avec la puissance et la volonté de créer un monde meilleur.

Je pense que oui, il ne faut pas rester victime, et si quelque chose ne nous convient pas, il est important d'agir pour le changer. Oui, il est capital de prendre conscience des aberrations de notre société et de les remettre en cause. Toutefois, je suis intimement convaincue que la râlerie n'apporte rien en soi à cette démarche de changement et je voudrais vous montrer comment on peut changer de point de vue à ce sujet.

Martin Luther King n'a pas cherché à soulever les foules en accusant et en disant : « C'est abominable et injuste, nous devons combattre ceux qui nous martyrisent. » Bien au contraire, il a fait le choix de partager son rêve d'un jour. Son message a changé le monde. En partageant son rêve, il nous a fait prendre conscience qu'il était possible de créer un monde meilleur. Il a réussi à entraîner des milliers de personnes dans son mouvement et à changer les choses.

Si vous voulez créer du changement, prenez vous aussi le temps de décrire clairement votre vision et partagez-la avec passion et conviction avec le plus de monde possible. N'oubliez surtout pas d'agir en vue de sa réalisation. Cela n'a rien à voir avec le fait de râler.

Ne soyez d'ailleurs pas pour autant « borné » sur le résultat exact que vous souhaitez obtenir, ou sur la façon exacte dont les choses doivent être ou se passer au final. Vous allez rencontrer des obstacles, des contraintes, faire des détours, mais ce qui compte, c'est de persévérer en restant fidèle à votre vision des choses et de poser les actes qui vont avec.

> « Visez toujours la lune. Même si vous la manquez, vous atterrirez parmi les étoiles. »
>
> **Les Brown (auteur et conférencier américain)**

Mère Teresa nous a elle aussi montré qu'on pouvait positiver plutôt que râler, le jour où elle a refusé une invitation pour une marche contre la guerre. Elle avait en revanche répondu qu'elle participerait volontiers à une marche pour la paix.

Dans la même perspective, j'ai eu la chance de rencontrer aux États-Unis une ONG, The Peace Alliance (www.thepeacealliance.org), qui milite pour créer un ministère de la Paix au sein du gouvernement américain. Imaginez un ministère qui a pour mission de garantir la paix plutôt qu'un ministère qui a pour mission de s'assurer que nous gagnons la guerre...

Alors, si quelque chose vous choque et devient insupportable à vos yeux, arrêtez de râler et prenez vous aussi le temps de définir votre vision et de fédérer les autres autour d'un projet pour bâtir un monde meilleur. Passez à l'action dès maintenant !

Rappel

La plupart du temps, nous râlons :

- **parce que nous voulons préserver notre bonheur, mais nous adoptons une stratégie peu efficace ;**
- **pour faire comme tout le monde ;**
- **parce que nous voulons de l'aide, mais nous préférons ruminer au lieu de la demander clairement ;**
- **par pur automatisme ;**
- **pour rire ou faire de l'humour ;**
- **parce que nous sommes résignés ;**
- **pour briller ;**
- **pour amener plus de monde à partager notre point de vue ;**
- **pour nous insurger.**

Si vous vous reconnaissez dans ces affirmations, quelques exercices ne vous feront pas de mal !

HOME

EXERCICES

Quel(le) râleur (râleuse) suis-je ? État des lieux

Il s'agit maintenant, grâce aux exercices qui suivent, de prendre conscience de vos râleries. Êtes-vous un(e) grand(e) râleur (râleuse) ? Qu'est-ce qui contribue à vos râleries ? Qu'est-ce qui vous fait démarrer au quart de tour ? Qu'est-ce qui vous empêche de vivre mieux ? Quelles sont vos zones à risque ?

Vous n'êtes pas obligé(e) de réaliser ces exercices dans l'ordre, même si nous avons créé une certaine logique entre eux. Allez vers ceux qui vous parlent vraiment et faites-les jusqu'au bout. Pas pour nous mais pour vous. N'oubliez pas : tout ceci est un jeu, le jeu de la vie, de votre vie ! Et nous voulons vous aider à en profiter !

Et pour vous mettre en parfaite condition, je vous propose d'abord un petit texte à méditer… Je suis certaine qu'il éveillera en vous une multitude de réflexions éclairantes !

Je médite… La corde invisible

Un paysan se rend au marché avec trois de ses ânes pour vendre sa récolte. La ville est loin et il lui faudra plusieurs jours pour l'atteindre.

Le premier soir, il s'arrête pour bivouaquer non loin de la maison d'un vieil ermite. Au moment d'attacher son dernier âne, il s'aperçoit qu'il lui manque une corde. « Si je n'attache pas mon âne, se dit-il, demain, il se sera sauvé dans la montagne ! »

C'est pourquoi le paysan monte sur son âne après avoir solidement attaché ses deux autres bêtes, et prend la direction de la maison de l'ermite. Arrivé à destination, il demande au vieil homme s'il n'aurait pas une corde à lui donner. Le vieillard a depuis longtemps fait vœu de pauvreté et n'a pas la moindre corde. Cependant, il s'adresse au paysan : « Retourne à ton campement et, comme chaque jour, fais le geste de passer une corde autour du cou de ton âne. Surtout, n'oublie pas de feindre de l'attacher à un arbre. »

Perdu pour perdu, le paysan fait exactement ce que lui a conseillé le sage. Le lendemain, à son réveil, son premier regard se porte sur son âne. Surprise, il est toujours là ! Après avoir chargé les trois baudets, il décide donc de se mettre en route. Mais là, il a beau faire, tirer sur son âne, le pousser, rien n'y fait : l'animal refuse de bouger. Désespéré, il retourne voir l'ermite et lui raconte sa mésaventure.

« As-tu pensé à enlever la corde ? lui demande le vieillard.
– Mais, il n'y a pas de corde ! s'exclame le paysan.
– Pour toi oui, mais pas pour ton âne... »

Le paysan retourne alors au campement et, d'un ample mouvement, il mime le geste de retirer la corde. L'âne le suit sans aucune résistance.

Ne nous moquons pas de cet âne.

Auteur inconnu

Ne sommes-nous pas, nous aussi, esclaves de nos convictions (nous nous imaginons que nous « devons faire » ceci ou « devons être » comme cela et nous craignons le regard des autres, etc.) ? Pire encore, ne sommes-nous pas enchaînés à nos habitudes mentales (peur, jalousie, orgueil, envie, etc.) ? Tout ceci n'est pourtant qu'imagination de notre part, car rien ni personne ne nous oblige à quoi que ce soit. En réalité, c'est nous qui nous obligeons à certains actes. Dans tout ce que nous faisons, nous avons toujours le choix, il ne s'agit que de le vouloir vraiment...

Demandez-vous donc quelle(s) corde(s) invisible(s) vous empêche(nt) de vous exprimer, de vivre, de vous épanouir et de progresser...

Exercice 1 : Test : Quel(le) râleur (râleuse) suis-je ?

Si vous tenez ce livre entre les mains, c'est que vous avez déjà conscience que vos râleries vous pourrissent plus la vie qu'autre chose. À vous d'identifier quel type de râleur (râleuse) vous êtes et surtout la raison pour laquelle vous râlez.

Entourez parmi les affirmations suivantes celle qui vous correspond le plus.

1. Vous prenez un verre avec votre ancienne copine de lycée Laurence, que vous n'avez pas vue depuis dix ans et qui vous a retrouvé(e) sur Facebook. Après les embrassades d'usage, elle vous déballe les échecs de sa vie : son divorce, son job qui la stresse, les travaux de sa maison qui n'en finissent pas...

- ✚ **OK, elle semble ne pas aller bien, mais vous ne pouvez pas en placer une.**
- ❑ **C'est inadmissible que son conjoint la quitte avec trois enfants à charge. Les hommes sont bien tous les mêmes !**
- ❍ **Pauvre Laurence... Elle semblait si confiante et dynamique quand nous étions jeunes...**

2. Un soir, vous rentrez d'une journée de travail harassante. Vous trouvez la table de la salle à manger pleine de paperasse, la vaisselle sale de la veille est dans l'évier et une lessive attend d'être étendue depuis deux jours.

- ❍ **Vous demandez à vos proches de se mettre à votre place. Est-ce que ça leur ferait plaisir de trouver un bazar comme ça en rentrant ?**
- ✚ **C'est à chaque fois la même chose. En plus de votre journée, vous allez vous farcir une heure de rangement. Vous en avez presque les larmes aux yeux.**
- ❑ **Vous criez et faites la vaisselle le plus bruyamment possible.**

3. Quelle est la devise qui correspond le mieux à votre état d'esprit ?

- ✚ Dans la vie, on ne fait pas toujours ce qu'on veut.
- ❍ Dans la vie, les vrais amis se comptent sur les doigts d'une main.
- ❑ Dans la vie, on ne peut compter que sur soi-même.

4. Votre connexion Internet est en panne et vous appelez la hotline. Une voix suave vous répond que « votre appel va être pris dans 5 minutes ». Sauf que ça fait 20 minutes qu'on vous dit ça…

- ❑ Vous commencez à fulminer et faites un scandale quand l'opérateur vous répond enfin.
- ❍ Vous raccrochez. De toute façon, c'est à chaque fois la même chanson, ils se fichent du monde.
- ✚ Vous mettez l'appel sur haut-parleur et classez la pile de papiers qui traîne depuis des semaines sur votre bureau. Quand l'opérateur décroche, vous lui signalez votre frustration tout en sachant que vous êtes probablement la dixième personne à faire ça depuis ce matin.

5. Vous êtes au restaurant. Le serveur vous amène un steak à point (alors que vous aviez demandé une viande saignante) et des frites pas cuites.

- ✚ Vous soupirez et vous mangez votre steak à contrecœur. Pendant tout le dîner, vous pestez et vous remarquez d'autres défaillances dans le service. Encore une adresse à rayer de votre carnet !
- ❑ Vous rappelez le serveur et lui demandez s'il est capable de prendre une commande correctement, alors que le restaurant n'est même pas bondé. C'est dingue, tout de même !
- ❍ Vous signalez au serveur l'erreur dans la cuisson et demandez qu'on vous apporte un steak saignant et, au passage, des frites plus croustillantes. Vous faites remarquer à votre conjoint(e)

que vous ne serez pas synchros pour le plat. Pour une fois que vous alliez au resto tous les deux...

6. Que pensez-vous des débats politiques télévisés ?

❍ Tous les mêmes : des promesses, des ronds de jambe et, au final, c'est toujours la même galère à la fin du mois.

✚ Vous irez voter parce que c'est votre devoir. Pour le reste, personne ne peut vraiment vous aider.

❑ Tous pourris !

7. Vous êtes dans la file d'attente d'un supermarché avec un seul malheureux paquet de lessive dans les mains. Devant vous, une queue interminable de chariots remplis à ras bord.

✚ Vous ruminez en espérant que quelqu'un fera un petit geste. Vous avez le chic pour toujours choisir la mauvaise file !

❑ Évidemment, tout le monde fait comme s'il n'avait rien vu. Les gens sont vraiment de sales égoïstes.

❍ Vous demandez à la gentille dame de devant si elle peut vous laisser passer. Avec humour, vous lui dites qu'elle sait probablement ce que c'est !

8. Lorsque vous vous sentez en colère contre quelqu'un de proche :

❑ Tant pis pour lui ! Vous n'aimez pas qu'on vous traite injustement. À lui de s'excuser.

✚ La colère vous ronge et se transforme en tristesse. Vous pensiez vraiment pouvoir compter sur son soutien.

❍ Vous désamorcez la tension le plus vite possible, en partageant avec lui votre colère. Vous finissez d'ailleurs souvent par convenir tous les deux que c'est la période difficile que vous vivez chacun qui est à l'origine de ce conflit.

9. Voilà plusieurs heures que vous voyagez à côté de trois bambins insupportables, que leur mère n'arrive visiblement pas à tenir. Soudain, une voyageuse se lève dans le wagon pour rappeler vertement à la mère de famille que tout le monde subit les cris de ses enfants.

- ✚ Vous avez pensé exactement comme cette dame et vous avez serré les dents pendant tout le voyage. Elle a simplement eu plus de cran que vous.
- ❍ Vous la félicitez d'un petit regard entendu. C'est vrai que ces trois gamins, vous les auriez bien jetés par-dessus bord !
- ❑ Cette dame, c'est vous !

10. Vous êtes à une soirée. La conversation dérive sur Muriel, une copine un peu « pénible » de la bande. Les critiques se mettent à fuser sur son caractère, son comportement, son physique, son conjoint… Évidemment, Muriel n'est pas présente.

- ❍ Vous racontez la fois où Muriel est restée des heures chez vous en fin de soirée alors que vous étiez crevé(e). Vous aviez failli l'étriper !
- ❑ C'est vrai, elle est insupportable, Muriel, elle ennuie tout le monde, ne parle que d'elle et elle oublie systématiquement votre anniversaire.
- ✚ D'accord, Muriel n'est pas toujours facile. Vous vous demandez si vos amis vous critiquent de la sorte quand vous n'êtes pas là.

11. À l'arrière de votre voiture, vous découvrez, à côté du rehausseur de votre enfant, une superbe collection de crottes de nez collées à l'intérieur de la portière.

- ✚ Vous êtes désemparé(e) et râlez sur votre enfant qui ne respecte rien. Vous nettoyez en ruminant.
- ❑ Vous punissez votre enfant et lui demandez de nettoyer ses cochonneries. Ce soir, il est privé de dessert.
- ❍ Vous trouvez cela drôle et dégoûtant en même temps. Vous expliquez à votre enfant que les crottes de nez vont dans les mouchoirs. Vous lui demandez de nettoyer.

12. Demain, vous devez vous lever tôt et être en forme. *Damned*, vos voisins du dessus ont visiblement organisé une soirée et le bruit va en s'amplifiant, tout comme la musique.

❍ **Après avoir pesté quelques minutes, vous sortez vos précieux bouchons d'oreilles et essayez de penser à autre chose.**

✚ **Ce n'est quand même pas de chance que ça tombe ce soir-là, en semaine. En plus, ils auraient pu mettre un mot.**

❑ **Malgré votre bonne volonté et le massage relaxant de votre conjoint(e), vous explosez à 23 h 30.**

13. Quel artiste représente pour vous le parfait râleur ?

❑ **Stéphane Guillon**

❍ **Guy Bedos**

✚ **Richard Bohringer**

Votre profil

Vous avez une majorité de ❍

On pourrait dire que les râleries agissent sur vous par contagion ! Vous râlez par habitude, pour faire comme les autres, parce que le temps s'y prête, parce que vous avez toujours réagi comme ça… Bref, vous n'exprimez rien de très grave à travers vos râleries, mais vous pestez en permanence, sans même en avoir conscience. Les transports, la météo, les retards, un contretemps, le petit dernier qui ne finit pas sa tartine… Quand vous êtes bien luné(e), vos grommellements peuvent même revêtir un caractère comique. Il n'empêche que cela vous donne un faux air de capitaine Haddock. Et ce n'est pas forcément une image que vous appréciez. En réalisant les exercices de ce cahier, vous parviendrez à créer de nouveaux automatismes, pour remplacer vos râleries par des célébrations.

Vous avez une majorité de ✚

La râlerie est chez vous un moyen de défense pour exprimer certaines angoisses, plus profondes. Souvent, lorsque vous râlez, vous voulez en fait partager des besoins beaucoup plus essentiels. Simplement, vous n'adoptez pas la bonne stratégie pour le faire. Car, en râlant, vous vous épuisez et vous passez justement à côté de l'expression de ces besoins fondamentaux. C'est une sorte de « déplacement » psychologique, et, à moins qu'ils ne soient devins, les autres ne peuvent pas deviner ce qui se cache sous votre carapace de tortue maussade ! Vous devez axer vos efforts sur la communication : en exprimant à vos proches ce qui ne va pas réellement, ce qui vous dérange, ce qui pourrait être amélioré, vous vous simplifierez la vie… et vous râlerez moins !

Vous avez une majorité de ❑

De vous, on doit dire souvent que vous avez « un sacré caractère », qu'« il ne faut pas vous marcher sur les pieds », voire que vous êtes colérique (non, non, ne nous frappez pas !). Vous râlez souvent, pour de petites et de grandes choses, et votre cerveau est en « alerte râlerie » maximum. L'avantage est que vous parvenez par ce biais à vous libérer de vos pressions intérieures. Parce que, au fond de vous, sommeille une indignation de tous les instants, qui est tout à fait sincère. Une table non débarrassée vous met dans le même état de nerfs qu'un fait divers révoltant. Le risque est que l'on finisse par ne plus vous prendre au sérieux : chien qui aboie ne mord jamais. Apprenez à dompter votre colère et votre énergie, afin de les mobiliser de façon positive.

Exercice 2 : Quelle est la cause de mes râleries ?

Il est important d'observer comment vous réagissez quand vous êtes frustré(e) ou quand quelque chose ne se passe pas comme vous voulez. Selon votre nature, pessimiste ou optimiste, vous ne réagirez pas de la même manière.

Les pessimistes ont tendance à penser que la cause de leur râlerie est universelle et permanente : « On ne peut pas compter sur les services de transports en commun [universalité, valable dans tous les domaines], il y a toujours des retards ou des grèves [permanence]. »

Les optimistes vont plutôt avoir tendance à attribuer leurs frustrations à des causes transitoires et spécifiques : « Sur la ligne A du RER [spécifique], il y a plus souvent du retard que sur les autres lignes, car elle doit être rénovée [transitoire]. Mais globalement, cette ligne me rend bien service. »

Que dites-vous en cas de frustration ?

Identifiez trois situations qui vous ont fait râler cette semaine :

1. ....

2. ....

3. ....

Pour chacune d'entre elles, indiquez ce que vous vous êtes dit (ne cherchez pas à modifier, peu importe si c'était juste ou non) :

1. ....

2. ....

3. ....

Puis, reprenez vos réponses et notez-vous. Avez-vous tendance à voir les choses qui vous frustrent comme des choses permanentes et universelles ou transitoires et spécifiques ? Notez devant chacune un *P* pour permanente et un *T* pour transitoire. Notez ensuite un *U* pour universelle et un *S* pour spécifique.

À chaque fois que vous imaginez des causes permanentes et universelles, sachez qu'elles alimentent votre frustration et font monter la pression en vous ; vous vous sentez victime, impuissant(e) et découragé(e) et concluez : « À quoi bon ! »[1]

1. Cet exercice est inspiré d'un exercice tiré du *Petit Cahier d'exercices pour voir la vie en rose* d'Yves-Alexandre Thalmann, Éditions Jouvence, 2010.

Exercice 3 : Il y a de la râlerie dans l'air !

À moins d'être un parfait bouddha, il faut bien admettre que notre humeur est souvent affectée par notre environnement. Ainsi, on se sentira énervé dans un café bondé et bruyant, déprimé face à des barres d'immeubles sous un ciel gris, ou serein autour d'une bonne table en terrasse avec des amis. Ce ressenti qui vient de l'extérieur est également composé de messages qui nous inondent et influent sur notre mental. Avez-vous conscience à quel point nous baignons dans la négativité ?

Étape 1

Prenez deux ou trois revues qui traînent chez vous (magazine féminin, mensuel d'actualités...). Découpez les slogans publicitaires ou les titres d'articles qui sont des râleries ou des propos négatifs véhiculant des notions de peur, de limitation, de manque... Collez les mots sur une page blanche. Que ressentez-vous dans votre corps quand vous regardez tous ces mots ? Est-ce que ce sont les mêmes que vous entendez à la radio ou dans vos conversations quotidiennes ? À quel point êtes-vous immergé(e) dans ce type d'atmosphère ?

Étape 2

Faites de même avec les slogans ou les titres positifs, dynamisants et ouverts sur les possibilités offertes par la vie. En trouvez-vous autant que de titres négatifs ? Réfléchissez à la place des râleries et de la négativité dans votre entourage.

Conclusion

Les médias et les propos qui nous entourent sont souvent très négatifs et ont tendance à favoriser un état d'esprit de manque, d'insatisfaction, de souffrance, de jugement et d'accusation face à la vie.

Prenez conscience de l'influence de ces messages négatifs sur votre vie et votre quotidien. Assumez la responsabilité de remplacer une partie de ce que vous écoutez et lisez par des messages porteurs d'avenir et d'espoir. Prenez le temps de choisir ce que vous laissez entrer dans votre conscience. Abonnez-vous à un magazine qui vous nourrit, choisissez bien vos émissions et, de temps à autre, éteignez la radio ou la télévision et écoutez la musique que vous aimez, plongez dans un bon livre ou profitez d'une soirée de câlins avec votre partenaire ou vos enfants.

Exercice 4 : Je fais le tri dans mes pensées

Saviez-vous que, dans une journée ordinaire, environ 60 000 pensées nous traversent l'esprit ? Et que 95 % de ces pensées sont les mêmes que le jour d'avant ? C'est dire à quel point nos râleries se répètent et se multiplient, jusqu'à polluer complètement notre mental ! Ces pensées automatiques deviennent nos croyances, puis nos paroles et donc notre réalité. Il est temps d'y mettre un peu d'ordre !

1. Faites le point de votre journée et souvenez-vous de vos pensées (vous ne pourrez pas vous souvenir de tout, mais essayez de lister un maximum de pensées qui vous ont traversé l'esprit aujourd'hui).

2. Reportez vos pensées dans le tableau ci-dessous :

- Faits tangibles : « Je dois aller chercher Sophie à la gare à 21 heures »...
- Pensées négatives ou punitives : « Je suis nul(le) », « Je vais me planter », « Ils sont bêtes », « J'en ai marre »...
- Pensées positives, qui contribuent à révéler le meilleur de vous, votre gratitude, vos célébrations : « Quelle belle journée ! », « Je vais faire la différence aujourd'hui », « Je suis content(e) que mon rendez-vous se soit bien passé »...

Faits tangibles	Pensées négatives ou punitives	Pensées positives et gratifiantes
Je dois aller chercher Sophie à la gare à 21 heures.	Ils sont bêtes.	Je vais faire la différence aujourd'hui.

Étant donné que 95 % des pensées que vous avez eues aujourd'hui vont se répéter automatiquement et inconsciemment demain, vous imaginez l'impact qu'arrêter de râler peut avoir sur votre vie.

N'hésitez pas à compléter à nouveau le tableau ci-dessus aussi souvent que nécessaire, en essayant de réduire la colonne « Pensées négatives ou punitives » au profit de la colonne « Pensées positives et gratifiantes » !

QUIZ

Quel auteur a dit : « Un pessimiste, c'est quelqu'un qui se plaint du bruit quand une opportunité frappe à la porte » ?

a) Raymond Queneau

b) Oscar Wilde

c) Pierre Desproges

Réponse : b)

Exercice 5 : Je fais l'inventaire de ma vie

Souvent, nous pestons « en surface » contre des petites choses, mais cette colère masque une frustration plus profonde sur notre vie. Et si celle-ci n'est pas identifiée, elle reviendra alors toujours se manifester sous la forme de râleries récurrentes et automatiques. Prenez donc le temps de faire un inventaire complet de votre vie. Vous pourrez ainsi identifier la source de vos frustrations et y voir plus clair afin d'envisager des axes de progrès.

Côté vie professionnelle

1. Où en êtes-vous aujourd'hui ?

Exemple : « J'occupe le même poste depuis cinq ans et je m'ennuie », « L'ambiance à mon travail est pesante, il y a trop de non-dits et d'incompréhensions, ça me mine », « Au fond, j'ai envie de changer de métier », etc.

....

....

....

....

....

....

2. Si vous pouviez « réussir » totalement dans ce domaine, cela ressemblerait à quoi ? Comment vous sentiriez-vous ?

Exemple : « Je ne travaille que sur des projets qui me passionnent, tout en ayant du temps pour ma famille et mes loisirs », « J'ai le sentiment d'aider des gens et leur situation est meilleure après mon intervention », « La collaboration et la convivialité sont au cœur de mon travail, et je ne me prends pas la tête », « Je ne travaille pas que pour rapporter un salaire, mon travail a du sens à mes yeux », etc.

....

....

....

....

....

3. Que pourriez-vous mettre en place de différent, d'audacieux et de nouveau pour améliorer ce domaine de votre vie ?

Exemple : « Je vais demander un entretien à mon chef de service afin de définir de nouveaux objectifs. Si je les atteins, je serai augmenté(e) », « Je vais demander à faire un bilan de compétences », « Je vais proposer à ce collègue avec qui j'entretiens une relation plutôt froide d'aller déjeuner, simplement pour discuter et apprendre à mieux le connaître », « Je vais croire en moi et reprendre des études », etc.

....

....

....

....

....

Côté argent

1. Où en êtes-vous aujourd'hui ?

Exemple : « Je n'ai pas d'économies pour ma retraite », « Je n'ai pas les moyens de partir en vacances », « Je suis frustré(e) de voir les autres gagner plus d'argent que moi, car je suis convaincu(e) que je peux en faire autant mais je ne sais pas comment », etc.

....

....

....

....

....

....

2. Si vous pouviez « réussir » totalement dans ce domaine, cela ressemblerait à quoi ? Comment vous sentiriez-vous ?

Exemple : « Je gagnerais x euros par mois », « J'économiserais 20 % de mes revenus », « Je pourrais faire au moins un voyage tous les deux ans », « Je me sentirais accompli(e) et reconnu(e) pour mon travail », etc.

....

....

....

....

....

3. Que pourriez-vous mettre en place de différent, d'audacieux et de nouveau pour améliorer ce domaine de votre vie ?

Exemple : « Je vais dès maintenant mettre en place un virement automatique sur mon compte épargne, même si ce n'est que 50 euros par mois », « Je vais demander à mon patron s'il y a une formation ou un projet qui pourrait me permettre d'obtenir une promotion ou une augmentation », « Je vais chercher un autre travail », etc.

....

....

....

....

....

....

Côté loisirs et temps libre

1. Où en êtes-vous aujourd'hui ?

....

....

....

....

....

....

2. Si vous pouviez « réussir » totalement dans ce domaine, cela ressemblerait à quoi ? Comment vous sentiriez-vous ?

....

....

....

....

....

....

3. Que pourriez-vous mettre en place de différent, d'audacieux et de nouveau pour améliorer ce domaine de votre vie ?

....

....

....

....

....

....

Côté projets personnels

1. Où en êtes-vous aujourd'hui ?

....

....

. . . .

. . . .

. . . .

. . . .

2. Si vous pouviez « réussir » totalement dans ce domaine, cela ressemblerait à quoi ? Comment vous sentiriez-vous ?

. . . .

. . . .

. . . .

. . . .

. . . .

. . . .

3. Que pourriez-vous mettre en place de différent, d'audacieux et de nouveau pour améliorer ce domaine de votre vie ?

. . . .

. . . .

. . . .

. . . .

. . . .

. . . .

Côté engagement associatif et spiritualité

1. Où en êtes-vous aujourd'hui ?

2. Si vous pouviez « réussir » totalement dans ce domaine, cela ressemblerait à quoi ? Comment vous sentiriez-vous ?

3. Que pourriez-vous mettre en place de différent, d'audacieux et de nouveau pour améliorer ce domaine de votre vie ?

....

....

....

....

Côté famille et amis

1. Où en êtes-vous aujourd'hui ?

....

....

....

....

....

....

2. Si vous pouviez « réussir » totalement dans ce domaine, cela ressemblerait à quoi ? Comment vous sentiriez-vous ?

....

....

....

....

....

....

3. Que pourriez-vous mettre en place de différent, d'audacieux et de nouveau pour améliorer ce domaine de votre vie ?

....

....

....

....

....

....

Côté santé et forme physique

1. Où en êtes-vous aujourd'hui ?

....

....

....

....

....

....

2. Si vous pouviez « réussir » totalement dans ce domaine, cela ressemblerait à quoi ? Comment vous sentiriez-vous ?

....

....

3. Que pourriez-vous mettre en place de différent, d'audacieux et de nouveau pour améliorer ce domaine de votre vie ?

Côté confiance en soi et en la vie

1. Où en êtes-vous aujourd'hui ?

2. Si vous pouviez « réussir » totalement dans ce domaine, cela ressemblerait à quoi ? Comment vous sentiriez-vous ?

....

....

....

....

....

....

3. Que pourriez-vous mettre en place de différent, d'audacieux et de nouveau pour améliorer ce domaine de votre vie ?

....

....

....

....

....

Bilan : prenez le temps de relire ce que vous avez écrit. Remarquez à quel point il est parfois facile de répondre aux questions dans certains domaines et moins dans d'autres. Parmi toutes vos idées, choisissez-en trois que vous vous engagerez à tenter dans les 21 prochains jours et notez-les.

1. ....

....

....

2. ....

....

....

3. ....

....

....

QUIZ

Qu'est-ce qui permet à la fois de réduire les tensions musculaires, de masser les côtes et d'augmenter les capacités respiratoires ?

a) Courir

b) Rire

c) Dormir

Réponses : b). Si l'exercice physique et le sommeil sont essentiels à notre bien-être, on ne vantera jamais assez les bienfaits du rire, qui détend, masse et augmente nos capacités respiratoires. Sans oublier la diminution des maladies cardio-vasculaires, l'évacuation du stress et le renforcement du système immunitaire. On râle souvent pour entrer en contact avec les autres. Et si nous remplacions nos festins de râleries par des fous rires ? Vous en doutez ? J'aurais aimé que vous puissiez voir la tête de mes trois filles la dernière fois que j'ai provoqué un fou rire général lors du dîner. Il fallait oser, mais elles en parlent encore et maintenant, il arrive que l'une d'entre elles prenne l'initiative de déclencher la rigolade générale. Je crois que nous venons de créer un nouveau rituel ! La thérapie par le rire ? On est tous accros !

Exercice 6 : Grand nettoyage de printemps !

Le fait d'arrêter de râler aboutit à un grand nettoyage de printemps dans votre vie. Pourquoi ne pas faire de même avec votre espace ? Vous admettrez qu'on est souvent plus calme, plus serein et plus positif dans une maison propre, rangée et débarrassée du superflu.

Si vous êtes chez vous, arrêtez de lire et regardez autour de vous. Identifiez ce que vous voyez : la fenêtre cassée qui a besoin d'être réparée, le sac de piles qui attend d'être déposé dans une urne de recyclage depuis des semaines, le modem Internet qui traîne sur l'étagère et qui ne fonctionne plus… Toutes ces choses cassées, inutiles, trop grandes, trop petites ou périmées, qui ne sont plus à votre goût…

Bloquez sur votre agenda un créneau de dix minutes par jour (ou une journée entière) et retirez 21 objets de votre espace :

- recyclez ce qui peut être recyclé ;
- donnez ce que vous pouvez donner ;
- réparez ce que vous voulez garder ;
- jetez ce qui ne vous sert plus.

Ne vous arrêtez pas tant que vous n'avez pas atteint 21 objets. Vous pouvez utiliser la grille ci-dessous pour suivre vos progrès.

1.	12.
2.	13.
3.	14.
4.	15.
5.	16.
6.	17.

7.	18.
8.	19.
9.	20.
10.	21.
11.	

N'hésitez pas à répéter cet exercice tous les trois ou quatre mois.

Exercice 7 : Ma râlerie préférée !

Vous pestez car vous gaspillez un temps précieux dans les transports ? Vous fulminez parce que c'est le bazar chez vous ? Vous déplorez le fait de ne pas avoir assez de temps pour vous ?

Identifiez « LA » râlerie qui revient tout le temps :

....

....

....

Durant un jour, concentrez-vous pour réussir à ne pas formuler cette râlerie (pour le moment, ne vous préoccupez pas des autres râleries).

Avez-vous atteint cet objectif ?

....

Si oui, que s'est-il passé, qu'avez-vous appris ?

....

....

....

Si vous n'avez pas réussi à supprimer cette râlerie, qu'est-ce qui vous a empêché de le faire ? Quoi qu'il arrive, vous pouvez apprendre quelque chose sur vous-même.

QUIZ

Quel auteur a dit : « On peut défaire n'importe quel bonheur par la mauvaise volonté » ?

a) Alain
b) Rousseau
c) Voltaire

Réponse : a)

Exercice 8 : Mini-challenge

Parfois, nous pestons contre tous nos petits malheurs et cela nous vide. Dans ces moments-là, une bonne stratégie consiste à développer son « muscle » de la générosité. Donner aux autres est un bon moyen de recevoir soi-même et de remplir son réservoir de satisfaction face à la vie.

Durant une semaine, offrez un cadeau à quelqu'un de différent tous les jours. Cela peut être un tout petit présent ou un cadeau plus important. Une fleur du jardin, une carte, une pâtisserie faite maison, un petit objet que vous aurez confectionné…

Cela peut concerner vos proches, mais également la collègue à qui vous ne parlez jamais, votre voisine, le sans-abri de votre quartier. Vous pouvez changer de personne chaque jour évidemment, mais vous ne pouvez rater aucune journée. C'est le challenge !

Exercice 9 : Je supprime mes petits mensonges pour avoir le mot juste

Nous avons régulièrement tendance à exagérer des faits pour qu'on nous entende ou qu'on nous plaigne : « C'est un vrai drame... », « On ne m'aide jamais... », « C'est toujours moi qui dois faire ça » (si, si, ne niez pas !). En utilisant des mots qui ne sont pas exacts, nous tuons notre intégrité et cadenassons notre vie. Arrêter de râler, c'est aussi apprendre à trouver le mot juste pour rétablir notre intégrité.

Étape 1

Repensez à une situation récente où vous n'avez pas eu le mot juste. Listez ici les faits. Vous avez exagéré des faits, vous les avez transformés en drame ou bien vous avez tenté d'excuser ou de masquer votre performance médiocre.

Exemple : « Je suis arrivé(e) 20 minutes en retard à un rendez-vous capital et j'ai donné comme excuse des problèmes de transports en commun. »

....

....

....

....

Étape 2

Qu'avez-vous dit exactement ?

Exemple : « Je suis navré(e) pour le retard, j'ai dû une fois de plus attendre le métro pendant un temps fou. C'est dingue, il y a toujours des problèmes, c'est infernal ! »

....

....

....

....

....

....

Étape 3

Quelle était en fait la réalité de la situation ?

Exemple : « Je n'ai pas prévu les aléas des transports en commun et, en plus, j'ai voulu envoyer un e-mail avant de partir, ce qui m'a mis en retard. »

....

....

....

....

....

....

Étape 4

La prochaine fois que vous vous retrouverez dans le même genre de situation, comment communiquerez-vous pour avoir le mot juste ?

Exemple : « Je suis vraiment navré(e) de mon retard. J'ai fait l'erreur de vouloir envoyer un dernier mail et, du coup, je suis parti(e) bien trop tard de chez moi. J'assume l'entière responsabilité de ma maladresse et j'espère que nous rattraperons ensemble le temps que je vous ai fait perdre. »

....

....

....

....

....

....

Étape 5

Comment vous sentez-vous à l'issue de l'étape 4 ?

....

....

....

....

....

....

Exercice 10 : Je reste ouvert(e) aux opportunités...

Voilà des semaines que vous vous réjouissez de vos vacances, et la météo annonce 15 jours de pluie. Vous avez invité vos meilleurs amis à fêter votre anniversaire, et ils annulent tous à la dernière minute. Bref, rien ne se déroule comme prévu !

Au lieu de râler, sachez accepter les choses comme elles viennent et tirer parti des événements.

Étape 1

La prochaine fois que quelque chose ne se passe pas comme vous l'aviez prévu, commencez par prendre une grande respiration et refusez de laisser vos râleries sortir de votre bouche.

Étape 2

Posez-vous les questions suivantes :

Existe-t-il quelque chose que je peux faire/dire pour résoudre le problème ou, au moins, diminuer les dégâts ?

....

Existe-t-il un plan B que je peux utiliser en remplacement du plan initial ?

....

Quelles sont les opportunités nées de cette situation imprévue qui s'ouvrent à moi ? Comment puis-je les saisir et tourner la situation à mon avantage ?

....

Exercice 11 : Mini-challenge

Souvent, nous râlons parce que nous sommes entourés de personnes qui nous vident, nous épuisent, nous limitent et nous ferment des horizons. Parmi ces personnes, il y a celles qui font partie de notre vie, qu'on le veuille ou non (nos parents, nos frères et sœurs, un oncle, notre belle-famille...), et les autres. Parfois, il faut savoir composer avec notre entourage et surtout, apprendre à ne pas nous laisser affecter négativement par son influence. Mais en ce qui concerne d'autres personnes, plus lointaines, on peut limiter (voire supprimer) les interactions ou les compenser en nouant plus de contacts avec celles qui nous nourrissent.

Votre mini-challenge est de trouver, dans les 48 heures, deux personnes de votre entourage qui vous nourrissent, vous soutiennent vraiment, vous font du bien. Prenez votre téléphone pour les appeler, et fixez-leur un rendez-vous pour les voir dès que possible.

JOURNEE
JOURNEE

DEUXIÈME PARTIE

Ce que j'ai appris en chemin

CHAPITRE 3
Choisir le bonheur

Nous râlons quand nous sommes en train de vivre quelque chose de désagréable et que nous voulons que ça change. Et pourtant, bien souvent, râler ne fait pas avancer les choses (au contraire). De plus, il semblerait que changer ce qui nous arrive ne soit pas toujours la voie la plus rapide pour accéder au bonheur.

Ce challenge m'a appris que pour râler moins, il fallait que je choisisse volontairement le bonheur, quelles que soient les circonstances extérieures. J'ai fait des recherches pour les besoins de ce livre et de nombreux psychologues reconnus sont d'accord pour dire que ce qui nous arrive dans la vie n'a pas vraiment d'impact sur notre bonheur. Ce qui compte, c'est notre aptitude à décider de vivre de manière sereine le moment présent avec son lot d'aléas, de difficultés, d'obstacles et de frustrations.

Pas besoin de gagner au loto pour arrêter de râler

Je pense à cette fameuse étude faite par un grand professeur de psychologie de l'université Harvard, Daniel Todd Gilbert, auteur du best-seller *Et si le bonheur vous tombait dessus*[1], qui s'intéresse aux gagnants du gros lot de la loterie. Il est parvenu à démontrer qu'un an après, les

1. Daniel Todd Gilbert, *Et si le bonheur vous tombait dessus*, Robert Laffont, 2007.

gagnants se trouvaient aussi heureux ou malheureux qu'avant le tirage qui avait changé leur vie. Et le plus intéressant dans cette étude est que ce « niveau de bonheur » retrouvé vaut aussi pour les gens touchés par de grands malheurs, notamment des personnes devenues paraplégiques. Tous, finalement, après le choc merveilleux ou catastrophique, sont après quelque temps aussi heureux, ou malheureux, qu'auparavant. Les circonstances « extérieures », heureuses ou malheureuses, ne font plus effet et ils se retrouvent aussi insatisfaits ou satisfaits de leur quotidien. La leçon à tirer de cette étude est que notre bonheur ne dépend pas vraiment des conditions dans lesquelles nous vivons. Que nous soyons riches, fauchés, en bonne santé ou malades, avec un emploi ou au chômage, notre bonheur ne dépend pas de ces circonstances, mais de la façon dont nous choisissons de « vivre » ces circonstances : en étant sereins, optimistes, motivés, déterminés ou, au contraire, accablés, stressés, victimisés...

Notre niveau de bonheur dépend aussi de ce sur quoi nous choisissons de nous focaliser. Laurent Gounelle, dans la préface de ce livre, nous dit : « *What you focus on expands* » (ce sur quoi vous vous focalisez tend à s'étendre). Nous pouvons donc choisir que nos soucis et nos problèmes prennent toute la place dans notre vie ou nous pouvons choisir de prendre le temps de savourer les choses agréables dans notre quotidien. Quelle que soit notre situation, nous pouvons puiser du bonheur, lui donner plus de place et être heureux, ici et maintenant.

→ Exercice 12 : Je remplis ma vie de ce qui me rend vraiment heureux (heureuse) (p. 142)

Nous pouvons râler tant que nous voulons, nous pouvons soupirer, ruminer, crier... cela ne servira pas à grand-chose pour améliorer notre état et nous rendre plus heureux. Pas besoin d'attendre un retournement de situation conséquent, car ce bonheur, finalement, vient de la manière dont nous voyons les petites choses du quotidien. Prenons le temps de savourer un rayon de soleil, le chant d'un oiseau au réveil, l'amour des personnes qui nous entourent, l'opportunité que nous avons de nous rendre utiles dans notre travail, etc.

> Le bonheur, ça s'trouve pas en lingot, mais en petite monnaie.
>
> ***La Petite Monnaie*, Bénabar**

Il est possible d'apprendre à être heureux

Nous venons de voir que les circonstances extérieures n'ont pas d'impact, à terme, sur notre bonheur. Donc râler sur notre manque d'argent, notre état de santé ou nos problèmes ne sert pas à grand-chose. En tout cas, cela ne nous rend pas plus heureux. Mais tout de même, pourquoi certains d'entre nous sont-ils plus heureux que d'autres ? Le bonheur est-il donné à la naissance ? Cette capacité de voir du bonheur dans les petites choses de la vie est-elle génétique ? Car, pour certains d'entre nous, cela paraît impossible d'être heureux, et pour d'autres tellement facile, que cela ne semble vraiment pas juste.

La réponse à cette question est oui et non. Le docteur David Lykken[2] a ainsi démontré que même si une partie de notre sentiment de bonheur est en effet définie par notre génome, il nous reste tout de même une importante marge de manœuvre pour, volontairement, apprendre à faire fructifier le bonheur qui nous est donné. Ses recherches ont montré qu'environ 50 % du niveau de bonheur d'un individu dépend de ses gènes, mais que seulement un infime 10 % peut être attribué à des différences de circonstances (statut socio-économique, bonne santé ou maladie, richesse ou pauvreté, marié ou divorcé, avec ou sans enfant…). Il reste donc un bon 40 % sur lequel on peut agir !

La raison pour laquelle vous êtes un insatisfait chronique qui râle beaucoup, ou au contraire une personne qui voit toujours la vie en

2. Scientifique de l'université du Minnesota, David Lykken a étudié les jumeaux, élevés ensemble ou séparément.

rose, vient en partie du fait que vous êtes né comme cela, c'est vrai, mais le plus important est qu'une part considérable de votre niveau de bonheur est définie par vos pensées, vos émotions et vos croyances, toutes générées par votre environnement. Il est donc possible d'agir pour les changer. Pour cela, il faut petit à petit apprendre à fonctionner autrement et réaliser un profond travail intérieur.

Une fois de plus, la solution est en nous et non pas extérieure à nous, comme nous le croyons encore bien trop souvent. La clé est d'accéder au bonheur en changeant notre manière de voir notre réalité (quelle qu'elle soit).

Le challenge « J'arrête de râler », un outil pour se reprogrammer

Changer sa perception de la vie ne se fait pas du jour au lendemain. En faisant ce challenge, nous choisissons de faire un travail de reprogrammation. Pour changer notre manière de voir notre quotidien, il faut en effet que nous apprenions à penser et à vivre les choses différemment, et surtout à choisir ce que nous voulons communiquer aux autres.

Car il faut se rendre à l'évidence, nos paroles ont beaucoup d'impact sur nos vies et les personnes qui nous entourent. Nos mots nourrissent nos croyances. À force de râler, nous finissons par croire ce que nous disons : que les autres sont bêtes, que la vie est difficile, que personne ne nous aide, que nos efforts ne sont jamais récompensés, que nous sommes épuisés, éreintés… et finalement nos râleries impactent souvent nos actions et, au bout du compte, notre vie. Nos mots, qu'on le veuille ou non, sont à prendre très au sérieux, car notre monde est fait de mots.

> *Vos croyances deviennent vos pensées, vos pensées deviennent vos mots, vos mots deviennent vos actions, vos actions deviennent vos habitudes, vos habitudes deviennent vos valeurs, vos valeurs deviennent votre destinée.*
>
> **Mahatma Gandhi**

Il est donc important de « reprogrammer » la manière dont nous choisissons de communiquer avec la vie, avec le monde, avec nous-mêmes. En modifiant nos réflexes de langage, petit à petit nous allons modifier nos pensées et nos sentiments, ancrés en nous depuis des années.

Le challenge « J'arrête de râler » permet de faire ce chemin. Même si, au début, le challenge semble insurmontable, vous vous rendrez compte qu'en vous libérant de cette habitude de râler, qui est une réelle pollution, vous allez vous « rééduquer ». En effet, le problème le plus important avec cette habitude est qu'elle crée des modes de pensée et d'action que notre cerveau utilise encore et toujours, au point que, peu à peu, ces derniers deviennent notre mode de réponse dominant et excluent tout autre mode possible. Sachez qu'il faut au moins dix occasions d'apprendre pour commencer à former un nouveau mode de réponse[3]. D'où l'intérêt de ce challenge qui va vous permettre de « pratiquer », d'« apprendre » et de vous « rééduquer » afin de littéralement créer de nouvelles connexions dans votre cerveau. Progressivement, le réflexe et l'habitude vont se dissiper jusqu'à disparaître. Et par la suite, vous n'aurez plus besoin de fournir un gros effort pour ne pas râler, car votre corps aura profondément enregistré cette nouvelle manière de faire et d'être. Votre « muscle râlerie » sera affaibli et votre « muscle du bonheur » sera fort et puissant. C'est ainsi que ce qui commence par un challenge quasi-impossible deviendra par la suite une seconde nature.

3. K. Ferlic, *Habits of our mind : a releasing your unlimited creativity discussion topic*, RYUC, 2008.

Apprendre à vivre dans le présent

> Les meilleures années de votre vie sont celles où vous décidez que vos problèmes vous appartiennent. Vous n'accusez ni votre mère, ni l'écologie, ni le président. Vous réalisez que vous pouvez contrôler votre destinée.

Dr Albert Ellis (psychologue)

Eckhart Tolle, écrivain canadien d'origine allemande prônant la valeur spirituelle de l'attention, nous explique dans son livre *Le Pouvoir du moment présent*[4] qu'être « victime » (se positionner comme impuissant face à ce que les autres nous font ou nous ont fait subir), c'est croire que le passé est plus puissant que le présent, c'est considérer que les autres – et ce qu'ils nous ont fait subir – sont responsables de ce que nous sommes maintenant.

→ Exercice 14 : Je laisse le passé là où il est (p. 146)

On peut vraiment se perdre et passer à côté du bonheur quand on se laisse embourber dans nos râleries de victimes. Nous jugeons, nous pointons du doigt ce que les autres auraient dû faire ou ne pas faire. Or, en fait, notre force est dans le présent. Focalisons notre attention sur le « maintenant », le « tout de suite », car lui seul existe.

→ Exercice 15 : Test : Comment vivez-vous l'instant présent ? (p. 150)

4. Eckhart Tolle, *Le Pouvoir du moment présent*, Ariane, 2000.

Conseils

Notez ce message sur votre réfrigérateur : « Le passé n'est plus et le futur n'existe pas. Alors cessons de râler sur ce qui nous est arrivé ou sur ce que nous voudrions avoir, profitons de l'instant présent tel qu'il est, car la vie est belle. »

Le présent est là, qu'on le veuille ou non. On peut ne pas l'approuver, ne pas être d'accord, mais pourtant rien ne sert de lutter contre lui en râlant. Râler nous épuise, râler nous gâche la vie, râler n'est qu'une excuse pour se laisser aller à être une victime passive.

Aujourd'hui, je vous invite à pleinement comprendre et vivre votre vie de manière responsable. Arrêtons de râler et choisissons qui nous voulons être maintenant !

Apprendre à lâcher prise sur nos pensées négatives

> « Si je pense que vous êtes mon problème, je suis fou. »
>
> ***Aimer ce qui est,* Byron Katie**

Byron Katie, sur son site « Le Travail »[5] met en évidence à quel point une pensée est inoffensive jusqu'à ce que nous y adhérions. C'est pourquoi elle nous invite à nous autoquestionner pour prendre de la distance par

5. www.thework.com/francais/

rapport à ce que l'on croit « être vrai ». Ce faisant, nous nous libérons de nos résistances, nous cessons de nous opposer mentalement à ce qui nous arrive et nous pouvons ainsi mieux l'accepter et nous concentrer sur une solution, que ce soit face à un accident, à la perte d'un emploi, à un pépin sur la route, à un retard, à un souci de santé, etc. « Ce ne sont pas nos pensées, mais l'attachement à nos pensées qui cause la souffrance », dit Byron Katie. Quand nous nous laissons aller à râler, nous laissons nos pensées négatives prendre vie. Elles s'immiscent par l'intermédiaire de nos râleries dans nos conversations, dans nos relations, dans notre quotidien... et petit à petit, elles deviennent notre vie, notre identité. Nous finissons même par y croire !

Il est important, pour réussir ce challenge, d'arriver à prendre du recul par rapport à nos râleries et d'éviter qu'elles nous collent à la peau et nous envahissent. Il faut apprendre à lâcher prise et à les remettre en cause. Il ne s'agit pas, je vous l'assure, de réprimer vos pensées négatives. Je suis tout à fait consciente qu'il est quasiment impossible de les empêcher de surgir en nous et ce n'est pas là le sujet de ce livre.

→ Exercice 17 : Je lâche prise avec la méthode Sedona® (p. 154)

Notre cerveau est un organe super actif qui pense, pense, pense... à longueur de journée. Nos pensées vont et viennent sans que nous en ayons conscience. Elles arrivent dans notre tête par milliers et nous n'y pouvons rien. Certaines sont positives, d'autres sont négatives. Et finalement, cela n'a pas grande importance, car ces pensées ne nous font aucun mal. Elles sont juste dans notre tête. C'est pourquoi, dans ce challenge, râler dans sa tête ne compte pas. Nous laissons juste la râlerie passer et continuons notre journée.

Le mal arrive quand nous commençons à nous attacher à nos pensées, à leur donner de l'importance et à les exprimer au travers de nos râleries. À partir de ce moment-là, nous ancrons nos pensées négatives dans notre vie. Nous les cristallisons. Ce challenge, au contraire, nous invite à trouver un espace sain pour vivre pleinement nos pensées négatives et nous en décharger.

Ensuite, le plus important est de savoir laisser aller et venir nos pensées négatives et de reprendre le fil de notre vie sans rester attachés à notre frustration !

L'idée n'est pas de nier nos émotions. Au contraire, il est important de prendre le temps de nous autoriser à les vivre. Mais ensuite, il est nécessaire de savoir lâcher prise, de ne pas nous attacher à nos pensées négatives, de ne pas rester accrochés à elles et de ne pas leur donner vie dans nos conversations… en râlant !

Conseils

Pour vous décharger de vos frustrations, vous pouvez écrire dans un journal, faire du sport, aller marcher autour du pâté de maisons, parler à un ami de manière constructive, ou aller voir un médecin spécialisé si vous avez besoin d'aide.

Il est vrai que parfois, on peut avoir franchement tendance à ressasser les mêmes soucis. Notre cerveau fonctionne alors comme un disque rayé. Il se répète, se répète et se répète presque toute la journée. Il est bloqué sur nos râleries que nous bougonnons ou exprimons à longueur de journée.

> « Si vous lâchez prise légèrement, vous aurez de la paix légèrement. Si vous lâchez prise énormément, vous aurez énormément de paix. Si vous lâchez prise totalement, vous aurez la paix complète. »
>
> **Ajahn Chah Subhatto**
> **(grand maître de méditation thaïlandais)**

À ce sujet, l'anthropologue culturel Angeles Arrien[6] nous explique comment, dans certaines cultures indigènes, on est encouragé à partager son histoire, mais pas plus de trois fois. Ces cultures reconnaissent l'importance de se libérer, de partager avec ses proches, de raconter son histoire, son malheur et de recevoir de la compassion, mais pas plus de trois fois, car ce serait un signe que nous sommes coincés dans une position de victime. Trois fois est suffisant, plus est une dépendance à l'« intensité » (vous savez, ce besoin de drame que nous avons parfois tendance à cultiver dans notre vie) et le signe que nous ne savons pas comment fonctionner sans notre dose de victimisation. Pour sortir de cette dépendance, il faut lever la tête du guidon, prendre de la hauteur, du recul, voir les choses autrement, et surtout pardonner. Se pardonner à soi-même de ne pas être parfait, et pardonner aux autres. Ainsi, on se libère soi-même, on devient libre de poursuivre le chemin de sa vie et on commence à voir et à vivre plus pleinement ses expériences agréables.

→ Exercice 19 : Je tourne mes râleries en dérision (p. 157)

Conseils

Vous aussi, repérez les fois où vous ressassez la même histoire plus de trois fois. Le cas échéant, vous pouvez trouver une personne qui vous écoutera activement vous exprimer devant elle une dernière fois. Ensuite, notez votre râlerie sur un papier et laissez-la disparaître en poussière en la brûlant avec une bougie ou déchirez-la en petits morceaux et jetez-la à la poubelle. Alors que le papier disparaît, vous pouvez répéter : « Je lâche prise, je me libère pour profiter de ma vie. »

6. Angeles Arrien, *Les Quatre Voies de l'initiation chamanique*, Véga, 2004.

Savoir lâcher prise dans notre désir de tout contrôler

En ce début de XXIe siècle, la vie nous pousse à être toujours plus performants et toujours mieux organisés. Nos aspirations les plus grandes sont, pour la plupart d'entre nous, de réussir notre carrière, d'avoir une vie de famille sereine, du temps pour nous et une bonne santé. Nous sommes de plus en plus exigeants, poussés par le regard des autres ou les « règles » de la société. La frontière est souvent floue entre travail et vie privée, et tout se mélange dans notre agenda. Il faut réussir à tout caser et nous tentons en vain d'avoir une vie équilibrée ! Réunion, cours de sport, famille, dossier à boucler, courses à faire... Notre temps est très précieux et nous jonglons avec tout cela à longueur de journée.

Pour réussir à tout gérer, nous avons besoin de tout contrôler et notre tolérance aux imprévus ou aux obstacles devient très limitée. Ainsi, quand nous ne pouvons pas contrôler ce qui nous arrive, nous sommes terriblement frustrés, car nous nous sentons ralentis et perturbés dans notre course et notre quête d'équilibre. Alors... nous râlons.

C'est tellement frustrant de ne pouvoir tout contrôler autour de nous, surtout les gens. Eh oui, la vie n'est pas un théâtre où nous pouvons changer le décor selon nos souhaits ou contrôler les autres comme un metteur en scène le fait avec ses comédiens ! Bien souvent, les choses ne se passent pas comme on voudrait. Même si nous croyons savoir exactement ce qui est bien pour nous, nous ne pouvons malheureusement pas toujours décider ce qui nous arrive. Quand nous croyons que nous pouvons contrôler les autres ou notre vie, nous sommes dans l'illusion et nous générons alors de grosses frustrations.

Ce challenge m'a permis de prendre conscience que c'est en fait normal de ne pas pouvoir contrôler les autres comme des marionnettes. J'ai ainsi réalisé que :

- Eh oui, les autres sont aussi humains et c'est une illusion de croire que je peux les faire obéir au doigt et à l'œil !
- Eh oui, parfois les choses sont ralenties, les autres bloquent le processus et expriment leur désaccord par rapport à ce que j'avais planifié !
- Eh oui, parfois les autres ne sont pas prêts, veulent aller moins vite, ils ne sont pas d'accord, ils ont besoin d'explorer, de réfléchir… Il peut même leur arriver de vouloir faire différemment de moi !
- Eh oui, je ne suis pas toute-puissante (oh zut alors) !

Mais je refuse pour autant que cela me pourrisse la vie, et d'ailleurs moins je râle et plus j'ai de chances d'atteindre mon objectif de la journée, et avec le sourire en plus.

Accepter de ne pas toujours savoir ce qui est bon pour nous

Il faut bien admettre que souvent, nous ne savons pas ce qui est le mieux pour nous. On veut arriver à l'heure et on s'énerve au volant en râlant parce que notre rendez-vous est très important (ou bien pas si important que cela, mais on dramatise). Et pourtant, nous ne pensons pas que, en étant bloqués dans les bouchons, nous venons peut-être d'éviter un accident de la route. Nous sommes pressés et nous ne voulons pas faire la queue, mais peut-être que la personne qui attend derrière nous serait une rencontre merveilleuse. Parfois, on se dit que, vraiment, on n'a pas de chance. On a l'impression d'avoir la poisse, que tout va de travers. Certains perdent leur travail, ont des soucis de famille et/ou de santé, et tout semble s'accumuler. Dans ces moments-là, on peut avoir l'impression qu'on nous a jeté un mauvais sort. Mais, dans le fond, pouvons-nous affirmer à 100 %

que nous savons vraiment ce qui est bon pour nous ? Est-il vraiment à notre avantage de vouloir contrôler toute notre vie et la gérer tout entière ?

→ Exercice 21 : Je transforme un problème en opportunité (p. 159)

Voici deux contes (dont les origines sont inconnues) que je vous invite à parcourir pour vous ouvrir les yeux.

Le roi et son conseiller

Il y a bien longtemps, un roi avait un sage conseiller. Celui-ci avait pour habitude de répéter au souverain : « Tout ce qui t'arrive est pour ton bien. » Or, lors d'une parade, le roi lâcha son sabre et se trancha un orteil. Fort contrarié, il se rendit chez son conseiller et lui demanda si cet accident était arrivé pour son bien. Le sage lui répéta une fois de plus : « Tout ce qui t'arrive est pour ton bien. » Fou furieux, le roi considéra ses paroles comme un affront et décida de l'emprisonner pour le punir.

Quelque temps plus tard, le roi partit à la chasse entouré de sa cour. La troupe se dispersa assez rapidement dans l'immense forêt, si bien que, quand la nuit tomba, le roi se retrouva seul, et qui plus est perdu. Il eut beau appeler, personne ne répondit. Il chercha, chercha et chercha encore une issue, en vain. À bout de forces, il finit par apercevoir la lueur d'un feu. « Sauvé, je suis sauvé ! » se dit-il. Il marcha donc vers la lumière et découvrit une tribu qu'il ne connaissait pas dans son royaume. Il se présenta comme le roi de cette forêt et lui promit une grande récompense si elle l'aidait à retrouver son palais.

…/…

Mais les choses ne se passèrent pas comme prévu. Les indigènes ne parlaient pas sa langue. Ils se montrèrent agressifs et le roi comprit vite qu'il était tombé sur une tribu de cannibales dont ses soldats avaient déjà mentionné l'existence. Ils firent donc les préparatifs pour le manger, et avant de le rôtir, ils le déshabillèrent. C'est à ce moment qu'ils aperçurent son pied mutilé. Or, comme tout le monde le sait, les cannibales ne dévorent jamais les personnes estropiées. Ils le relâchèrent donc, non sans regret tant il paraissait appétissant.

Après quelques périples, le roi finit enfin par retrouver son palais. Il s'empressa d'aller trouver son conseiller et de le libérer : « C'est vrai, tu avais raison : même cet accident avec mon sabre s'est révélé être pour mon bien. Mais je doute fort que tu puisses considérer que ces semaines passées en prison ont été pour ton bien ! » Ce à quoi le sage répondit : « Majesté, tout ce qui m'arrive est pour mon bien. Si je n'avais pas été en prison, je vous aurais accompagné à la chasse. Mais moi, je ne vous aurais pas lâché et nous nous serions retrouvés tous les deux chez les cannibales. Or moi, j'ai encore mes dix orteils... »

Chance, malchance, qui sait ?

Un vieux fermier possédait un vieux cheval avec lequel il labourait ses champs. Un jour, le cheval s'enfuit vers les collines. Au voisin qui l'avait pris en sympathie, le vieillard répondit : « Chance ? Malchance ? Qui sait ? » Une semaine plus tard, le cheval revint des collines avec un troupeau de chevaux sauvages, et cette fois les voisins félicitèrent le vieillard de sa bonne chance. Il répondit encore : « Bonne chance ? Malchance ? Qui sait ? » Puis, lorsque son fils, en voulant dompter l'un des chevaux sauvages, fit une chute et se brisa la jambe, tout le monde crut que c'était une grande malchance. Le fermier, lui, se contenta de dire : « Malchance ? Bonne chance ? Qui sait ? » Quelques semaines plus tard, l'armée entra dans le village et mobilisa tous les jeunes gens valides. Quand ils aperçurent le fils du vieillard avec sa jambe cassée, ils le dispensèrent du service. Était-ce de la chance ? De la malchance ? Qui sait ?

Cette morale que nous livrent le conseiller du roi et le vieux fermier s'applique aussi à nos petits malheurs, contretemps, retards et autres désagréments du quotidien.

Voici comment j'ai pu moi-même la mettre en pratique pendant le challenge. Petit flashback…

« Aujourd'hui je me suis déplacée avec mes trois filles. Juste un déplacement de 100 km, mais qui a pris des allures de déménagement. Mes filles partent demain en vacances pour neuf jours avec leurs grands-parents, et moi je m'installe dans l'appartement de ces derniers à Paris pour y travailler quelques jours. Ce matin, j'ai passé 1 h 30 à réunir les affaires et à préparer les valises. J'ai découvert du linge sale... que j'ai mis à laver, j'ai cherché les chaussettes, j'ai réuni les doudous, j'ai choisi quels habits emporter...

En fin de matinée, je me sentais presque prête, les valises quasi bouclées. Il ne restait que quelques bricoles à finir. Je contrôlais la situation. Ensuite, je suis allée me détendre avec ma famille pour quelques heures. Plus tard, vers 16 heures, je me suis dit qu'il était temps que je m'active pour prendre la route.

Il m'a finalement fallu encore 1 h 30 avant de tourner enfin la clé de contact dans ma voiture. Et durant tout ce temps, j'ai dû apprendre à lâcher prise pour ne pas râler. Je me sentais frustrée, car si cela me semblait simple de faire mes valises, et cela avait en fait pris beaucoup plus de temps que je ne pensais. Il y avait eu beaucoup à faire : ne pas oublier l'ordinateur et son câble (sinon je risquais d'être bien embêtée !) ; mais aussi sortir le linge de la machine (qui par miracle avait été mis à sécher !) ; chercher la paire de chaussures que ma fille avait laissée quelque part dans la maison (mais où ?) ; découvrir que la caméra était restée dans le jardin ; ne pas oublier de ranger la chambre des enfants ; trouver le CD que ma fille me réclamait d'une voix paniquée et qui lui avait été offert par sa cousine spécialement pour les voyages en voiture ; récupérer à la dernière minute un maillot de bain mouillé qui traînait dans l'herbe, etc.

Et le tout avec des enfants qui sentaient le changement et qui, du coup, avaient les nerfs à fleur de peau et s'accrochaient à moi.

Oui, j'ai eu envie de râler. Oui, j'ai eu envie de me plaindre. Je sentais la pression monter en moi, car j'étais en train de prendre du retard sur mon planning, et il semblait que je ne contrôlais plus rien. Je me sentais seule face à cette responsabilité de ne rien oublier et j'étais débordée. Mes enfants, avec leurs demandes multiples d'aide et d'attention, n'arrangeaient pas la situation.

Et pourtant ce qui m'a sauvée, c'est de lâcher prise et de me dire que, quoi qu'il arrive, tout serait quand même parfait.

Je croyais pouvoir être prête en 45 minutes et ce n'était pas possible. Je voulais éviter les bouchons de retour de week-end et c'était mal parti.

Finalement, je me suis dit : « Il va te falloir plus de temps et tu ne peux rien y faire. Si tu te retrouves dans les bouchons (bien que tout le monde t'ait dit de ne pas partir après 17 heures), eh bien ce n'est pas si grave. Tout sera parfait et tu géreras (on a finalement raconté des blagues, mis de la musique et fait des jeux pendant le trajet). Mets un pas devant l'autre et fais de ton mieux, l'enjeu ne vaut pas de râler. Tu ne vas tout de même pas gâcher une si belle journée ! »

Voilà, une journée de plus sans râler !

Christine Lewicki

Quand les autres nous énervent

Quand on commence ce challenge, on réalise vite que ce qui nous fait très souvent râler, ce sont les autres ! « Nos coupables », comme je dis souvent. Eh oui, la nature humaine n'est pas simple et parfois les autres nous font du mal. Nous n'arrivons pas à comprendre leurs réactions, nous avons peur de ne pas être respectés, d'être rejetés... Les autres nous frustrent, nous stressent, nous surprennent, nous déçoivent... Et dans ces moments-là, il est difficile de ne pas râler.

Une fable amérindienne m'a beaucoup aidée dans ce challenge. On la raconte le soir autour du feu sacré...

Les deux loups

Un homme âgé dit à son petit-fils, venu le voir très en colère contre un ami qui s'était montré injuste envers lui : « Laisse-moi te raconter une histoire... Il m'arrive aussi, parfois, de ressentir de la haine contre ceux qui se conduisent mal et n'en éprouvent aucun regret. Mais la haine t'épuise, et ne blesse pas ton ennemi. C'est comme avaler du poison et désirer que ton ennemi en meure. J'ai souvent combattu ces sentiments. »

Il continua : « C'est comme si j'avais deux loups à l'intérieur de moi ; le premier est bon et ne me fait aucun tort. Il vit en harmonie avec tout ce qui l'entoure et ne s'offense pas lorsqu'il n'y a pas lieu de s'offenser. Il combat uniquement lorsque c'est juste de le faire, et il le fait de manière juste. Mais l'autre loup, ah... ! Il est plein de colère. La plus petite chose le précipite dans des accès de rage. Il se bat contre n'importe qui, tout le temps, sans raison. Il n'est pas capable de penser parce que sa colère et sa haine sont immenses. Il est désespérément en colère, et pourtant sa colère ne change rien. Il est parfois difficile de vivre avec ces deux loups à l'intérieur de moi, parce que tous deux veulent dominer mon esprit. »

Le garçon regarda attentivement son grand-père dans les yeux et demanda : « Lequel des deux loups l'emporte, grand-père ? »

Le grand-père sourit et répondit doucement : « Celui que je nourris. »

Et vous, quel loup nourrissez-vous ? Êtes-vous souvent vexé ou offensé par ce que vous font subir les autres ? Êtes-vous souvent fâché ? Vous sentez-vous jugé, rejeté, accusé, négligé... ? Avez-vous envie de punir celui qui vous a fait du mal ? Ou bien refusez-vous de lui parler pour vous protéger ?

Cette légende des deux loups nous invite à comprendre que quand nous ressentons de la rancœur ou que nous nous accrochons à nos griefs, nous nous punissons nous-mêmes. Finalement, nous choisissons nous-mêmes de rester accrochés à notre souffrance. Nous sommes très sensibles, nous démarrons au quart de tour et au bout du compte nous sommes à vif, prisonniers de notre colère.

Ce challenge nous invite à nourrir le loup qui vit en harmonie avec ceux qui l'entourent. Le loup qui arrive à communiquer sainement et de manière constructive. Le loup qui est juste, le loup qui a le courage de pardonner pour être libre. Le loup qui se sent responsable et non pas victime. Le loup qui choisit de ne pas se laisser envahir par les attitudes des autres. Le loup qui choisit le bonheur et la sérénité quoi que les autres fassent ou disent.

Je voudrais vous inviter à observer vos loups et à voir lequel prend le dessus dans votre vie en ce moment. Et à vous demander ensuite si vous êtes satisfait, si cela vous convient.

→ Exercice 23 : Je nourris mon bon loup (p. 165)

Si vous avez envie de vivre en paix, je vous propose de mettre un bracelet à votre poignet et de commencer le challenge. Ne reportez pas au lendemain, acceptez le challenge et lancez-vous. Chaque minute, chaque réussite et chaque échec sont des pierres qui construisent votre chemin vers une vie sereine.

Rappel

- **Cessons de croire que notre bonheur repose sur des circonstances extérieures.**
- **Apprenons à être heureux et utilisons ce challenge comme un outil pour reprogrammer notre cerveau.**
- **Attachons-nous à prendre la vie comme elle vient et à vivre chaque instant pleinement. Nous pourrons alors accéder aux richesses de la vie, c'est-à-dire prendre conscience de tous les cadeaux de la vie : notre famille, notre corps, la nature, la ville, les technologies, les autres, etc.**
- **Rappelons-nous que nous ne pouvons pas tout contrôler dans notre vie.**
- **Apprenons à lâcher prise sur nos malheurs. Pour nous aider, souvenons-nous des mots du conseiller du sage : « Tout ce qui t'arrive est pour ton bien. »**
- **Ne laissons pas les attitudes ni les paroles des autres entraver notre bonheur. Quand les autres nous énervent, choisissons quel loup nous avons envie de nourrir.**

CHAPITRE 4
Communiquer autrement

Nos râleries font fuir les autres, profitons donc de ce challenge pour déguster les nouvelles conversations qui deviennent alors possibles.

Râler creuse un fossé avec les autres

Alors que j'étais en plein dans mon challenge, je suis tombée sur un passage du livre *Dieu voyage toujours incognito* de Laurent Gounelle.

Le personnage principal du livre est un homme qui, guidé par un maître, est en train de découvrir comment prendre en main sa vie et son bonheur. Un jour, le maître lui dit : « D'après ce que j'ai mis en évidence hier, tu aimes bien passer pour celui qui fait des efforts pour les autres, et tu espères que tu seras apprécié en retour pour tes "sacrifices". Et puis, tu aimes aussi un peu te plaindre et attirer ainsi la sympathie des gens. Entre nous, c'est bidon : toutes les études montrent qu'on se sent tous plus attirés par ceux qui assument leurs choix et vivent ce qu'ils ont choisi de vivre. Finalement, tes jérémiades n'émeuvent que toi[1]. »

Ces mots m'ont profondément frappée, car je les ai trouvés absolument vrais. Oui, mes jérémiades n'émeuvent que moi. Je pollue tout le monde avec mes soupirs. J'ai ainsi remarqué que toutes mes râleries créaient de la distance entre moi et les personnes qui m'entourent, et quand j'ai cessé de râler j'ai clairement senti les autres se rapprocher de moi.

1. Laurent Gounelle, *Dieu voyage toujours incognito*, Anne Carrière, 2010.

Cela a été flagrant notamment avec mes enfants. Comme je ne râlais plus, ils ont dû trouver que j'étais plus accessible et me faisaient des câlins. Tout à coup, j'ai eu le plaisir de profiter de régulières et douces conversations et de moments de tendresse avec eux. Nous pouvions sortir du mode « conflit » ou « gestion de logistique » et vivre une plus grande intimité. Je lis les mots que je viens d'écrire et ils me choquent. Je me dis que cela faisait des années que mes enfants gardaient leurs distances avec moi. Avant ce challenge, nous ressentions une certaine tendresse bien évidemment, mais je dois admettre que j'ai noté une amélioration significative depuis que mes râleries polluent moins notre quotidien.

Finalement, je sais maintenant que parfois, les autres craignent de nous côtoyer parce qu'ils ont peur qu'on les chasse avec nos râleries. Ils ont tellement l'habitude de nous entendre rejeter ce qui nous est donné à vivre qu'ils ont peur qu'on les rejette eux aussi s'ils nous approchent.

Râler nécessite moins d'énergie que penser positivement

Râler est un réflexe qui se fait presque naturellement, sans demander aucune énergie ni aucune attention de notre part. Tandis qu'arrêter de râler demande plus de recul, plus de réflexion – surtout au début. Ce n'est qu'au bout de quelques semaines (eh oui, 21 jours !) qu'on peut espérer atteindre un niveau de sagesse qui nous est naturel et demande peu d'effort.

Si vous ne me croyez pas, faites le test suivant. Imaginez qu'en partant pour votre travail vous arrivez sur le quai du métro par exemple, et que vous entendez une annonce vous informant que le service est interrompu sur toute la ligne pour une durée indéterminée suite à un incident technique. Quelle est votre réaction immédiate ? Probablement quelque chose dans ce style : « Je n'y crois pas, c'est la troisième fois ce mois-ci qu'ils se moquent de nous, ils pourraient entretenir correctement les lignes au moins, je dois aller bosser moi ! » On en vient facilement à dire cela. En plus, on a déjà tous entendu plein de monde tenir ce genre de propos. On ne fait que répéter… ruminer les uns à côté des autres.

Maintenant, essayez d'envisager quelle serait votre réaction si vous parveniez à ne pas râler, à ne pas vous positionner en victime de ces « autres » qui ont mal fait leur travail et à vous dire que ce qui arrive est pour votre bien comme le sage du roi auquel je faisais référence précédemment (voir p. 85).

Allez-y, faites-le… C'est beaucoup plus dur, n'est-ce pas ? Ça ne vient pas naturellement ! Tout à coup, on doit réfléchir à ce qu'on peut faire, prendre ses responsabilités, ne pas se laisser abattre et définir un plan d'action. C'est une réflexion plus longue et plus sophistiquée qui, si vous deviez la partager avec quelqu'un, demanderait plus de mots, devrait être explicitée. Et surtout, elle serait unique et différente des pensées de ceux qui se trouvent sur le quai avec vous.

« Des études réalisées par des psychologues ont montré que les personnes pessimistes ont un vocabulaire moins riche et moins fourni que les optimistes. D'autres études ont montré que le niveau de violence adopté par les jeunes est proportionnel à la pauvreté de leur vocabulaire : quand on ne peut pas mettre en mots, on frappe et on casse ! » nous dit Yves-Alexandre Thalman[2].

Vous pourriez vous dire : « OK, bon alors je vais appeler le bureau pour qu'on m'envoie le fichier Dupond et je vais enfin pouvoir le boucler au calme à la maison sans que personne ne me dérange. Ce n'est pas plus mal. Ce sera tellement bien de savoir que c'est fait. Je vais aussi appeler Paul pour annuler notre rendez-vous de 10 heures ce matin. À midi, la ligne sera sûrement rétablie et je pourrai être au bureau cet après-midi. »

2. Yves-Alexandre Thalman, *Petit Cahier d'exercices pour voir la vie en rose*, Jouvence, 2010.

Une autre personne sur le quai pourrait se dire : « OK, bon, je vais appeler mon patron et lui dire que je dois prendre une journée, car je n'ai pas de moyen de transport pour arriver au travail. Ce n'était pas ce que j'avais prévu mais ce n'est pas plus mal. Je suis fatigué et je ne prends jamais de temps rien que pour moi. Je vais en profiter pour aller chez le coiffeur, cela fait quatre mois que je dois y aller. Et puis, j'en profiterai aussi pour appeler ma sœur. Cet après-midi, je vais cuisiner et mettre plein de petits plats au congélateur, cela fait longtemps que j'ai envie de faire ça. »

Comme vous le voyez dans ces deux scénarios, il a d'abord fallu accepter le changement imprévu, puis élaborer une réflexion bien plus sophistiquée qu'une simple râlerie aussi stérile qu'inutile. Il a fallu plus de mots pour décrire ces deux choix pour cette journée qui ne commence pas comme prévu. Oui, arrêter de râler va vous demander plus de réflexion, de trouver des solutions... mais c'est un effort qui apporte immédiatement du bonheur, car vous ne vous sentez plus accablé, frustré, impuissant. Comme ces deux personnes sur le quai, vous acceptez la situation et réagissez pour en tirer parti.

De l'importance de ne pas dramatiser

Avez-vous remarqué comme parfois nous avons tendance à transformer une simple frustration en une énorme calamité ?

Quelque chose ne se passe pas comme prévu :
- notre train est en retard et nous allons rater un rendez-vous important ;
- nous devons payer plus d'impôts que nous avions prévu ;
- notre employeur est en train de réorganiser l'entreprise et il change nos horaires ou nos responsabilités ;
- nous avons déjà cinquante mille choses à faire et une autre tâche nous tombe dessus au bureau.

Nous devons en permanence changer nos plans, nous adapter, faire des efforts et ne pas résister face à ce qui nous arrive. Notre frustration se transforme en catastrophe planétaire. Le problème prend une telle ampleur que nous nous sentons menacés.

Je me souviens avoir vécu cela. J'avais une grosse journée de travail devant moi, une multitude de rendez-vous téléphoniques avec mes clients. Mon métier de coach s'exerce à 98 % au téléphone, et mes clients sont aux États-Unis, au Canada, en Asie et en Europe, bref, partout dans le monde. J'utilise donc un système par Internet pour communiquer, tout en évitant des factures exorbitantes. Ce matin-là, alors que j'allumais mon ordinateur à 8 h 40, j'ai réalisé que ma connexion Internet ne fonctionnait pas bien. La ligne était constamment interrompue… et mon premier rendez-vous téléphonique était vingt minutes plus tard ! Je me suis mise à paniquer et me suis entendue dire : « Ils vont tuer mon business si ça continue, si ma connexion ne marche pas cela va me coûter une fortune. » Mes mots étaient clairement exagérés.

Cette tendance à exagérer nous touche tous parfois, et certains d'entre nous trop souvent. Nous nous retrouvons à dire des « ils sont cons », « tous des incapables », « incompétents », « irresponsables », etc.

Conseils

Nous avons souvent tendance à être de mauvaise foi, même dans nos râleries, à utiliser un vocabulaire trop fort et à exagérer nos propos. Notez toutes les fois où ça vous arrive. Vous serez surpris !

David D. Burns, psychiatre spécialiste de la thérapie cognitive, appelle cette distorsion de pensée le *binocular trick*[3] (la « ruse des jumelles »). Nous avons tendance à regarder des événements négatifs de telle sorte que nous les agrandissons en taille et en importance. Nous nous faisons dès lors une montagne de quelque chose qui est vraiment embêtant, mais pas si énorme ni si catastrophique.

De la même manière, le mécanisme de la « ruse des jumelles » est aussi activé si vous avez tendance à râler en vous comparant aux autres. Par exemple, lorsque vous dites : « Je suis nul », « Je suis bête », « Pour qui je me prends », « On va me prendre pour un débile », « Je ne suis pas assez pro », « Moi, je n'y connais rien », etc. Dans ces moments-là, vous avez probablement tendance à magnifier les réussites de ceux auxquels vous vous comparez, et à vous diminuer encore plus en vous comparant aux autres.

Dans ce cas, nous regardons de l'autre côté de la jumelle (à l'envers, du côté qui rétrécit) pour considérer nos accomplissements, nos réussites ou les imperfections de nos compétiteurs, et nous les diminuons jusqu'à ce qu'ils soient poussière insignifiante.

Quand nous ruminons sur nous-mêmes, nous nous détruisons au lieu de nous construire. De même, souvent, nous nous mettons beaucoup de pression et nous biaisons nos propos, car nous ne nous sentons pas à la hauteur de ce que nous croyons que les autres attendent de nous.

Avec ce challenge, nous sommes invités à apprendre à célébrer nos atouts et à puiser dedans pour avancer. Sans oublier de célébrer les atouts des personnes qui nous entourent. Quitte à dramatiser quelque chose, choisissons de dramatiser ce qui nous construit ou nous rend la vie plus belle plutôt que de dramatiser ce qui nous détruit et nous pollue.

---

3. David D. Burns, *Se libérer de l'anxiété sans médicaments : la thérapie cognitive, un autotraitement révolutionnaire de la dépression*, J.-C. Lattès, 1996.

Conseils

Prenez l'habitude de parler de vos atouts, de vos accomplissements et de vos réussites. Donnez-leur une vraie place bien méritée dans votre vie et dans vos conversations.

Quand nous usons trop souvent de la ruse des jumelles, nous finissons par nous sentir oppressés et nous râlons. Les obstacles pour atteindre nos objectifs deviennent alors énormes, telles des montagnes impossibles à gravir. Notre motivation s'essouffle et nous restons apathiques et contre-productifs.

Nous avons tendance à croire que si nous exagérons notre douleur en râlant, il sera plus facile d'obtenir ce que nous voulons. Et alors nous nous laissons aller à nous plaindre. Cela peut être une stratégie efficace à court terme pour manipuler les autres, mais ce n'est pas une approche saine ni efficace à long terme. Cela va au contraire générer, nous l'avons vu, un manque de respect de la part des autres, allant même jusqu'à une prise de distance pour éviter d'être impliqués dans nos petits drames. Et surtout, cela nous empêche d'être capables de nous confronter directement et rationnellement à nos problèmes.

Sur ce même sujet, je trouve très intéressant de voir à quel point notre société est accro à « l'intensité » (voir p. 82). Finalement, c'est un peu comme si on ne se sentait pas vraiment vivant dès lors que les choses ne sont pas vécues intensément. D'où les abus (alcool, drogues) et cette tendance des médias à nous rapporter des anecdotes extrêmes à longueur de journée. Cela crée une culture globale et une tendance à constamment en rajouter et à exagérer, à créer nous-mêmes des drames avec nos râleries là où il n'y en a pas.

Avec ce challenge « J'arrête de râler », je voudrais vous inviter à être conscient de votre tendance à dramatiser les choses, et donc vous aider à donner aux événements leur juste importance, à les mettre à leur place.

Apprendre à avoir le mot juste

Toute la journée, à tout instant, nous sommes des messagers. Nous utilisons nos mots pour véhiculer un message qui a des effets sur notre vie et celle de notre entourage.

> *La parole est un outil qui peut détruire. Ou construire. Contrairement à ce que nous croyons souvent, les mots ont du poids : ils agissent sur la réalité.*
>
> **Olivier Perrot (psychologue et président de l'Association française de nouvelle hypnose (AFNH)**

Quand nous râlons, quel genre de messager sommes-nous ? Sommes-nous en train de véhiculer un message juste, ou sommes-nous en train de dramatiser, d'exagérer ou de généraliser un problème ?

Quand nous communiquons avec les autres, il est important de réaliser à quel point nos émotions, nos frustrations et nos doutes entrent en ligne de compte et que, bien souvent, notre « interprétation » est éloignée des faits tangibles.

Nous voyons tout à travers notre filtre personnel (lié à notre histoire, notre vie, notre nature). Alors, faisons attention à ce que nous choisissons de dire. Car, une fois que les mots sont dits, on ne peut plus les rattraper, les récupérer. Nos râleries changent la tournure d'une conversation. Elles changent la manière dont nous vivons un événement. À partir du moment où elles sont dites, elles prennent forme dans notre quotidien et nous donnent l'illusion d'être encore plus vraies qu'elles ne le sont.

Ce challenge nous permet ainsi de communiquer de manière plus vraie. Puisque nous ne pouvons plus râler, nous devons prendre un peu de recul sur ce que nous avons envie de partager avec le monde. Ainsi, jour après jour, nous apprenons à tourner sept fois notre langue dans notre bouche avant de parler. À ne pas en dire trop, ni avoir des paroles biaisées par nos râleries. De la même manière, apprenons à prendre du recul par rapport aux râleries que nous entendons dans la bouche des autres. Prenons conscience qu'elles aussi sont teintées et ne disent pas la vérité.

Il est donc important d'apprendre à douter de ce qu'on entend comme de ce que l'on dit soi-même et de prendre du recul. Les propos n'appartiennent qu'à ceux qui les disent, et nous ne devons donc pas tout prendre « au pied de la lettre » mais laisser à l'autre la responsabilité de sa parole comme de ses actes. Cela peut nous éviter d'alimenter nos frustrations en râlant.

Apprendre à dissiper les malentendus qui nous pourrissent la vie

Avez-vous remarqué comme nous passons beaucoup de notre temps à faire des suppositions ? Votre ami n'a pas répondu à votre invitation à dîner ? Vous pensez tout de suite qu'il est fâché contre vous. Votre collègue est passé devant votre bureau sans vous dire bonjour ? C'est sans doute qu'il vous snobe. Nous n'avons aucune idée de la réalité des faits, et nous supposons le pire. Et le plus grave, c'est que ces suppositions nous conduisent à changer notre attitude. Nous nous créons un stress, une angoisse. Nous allons du coup éviter d'appeler notre ami et, petit à petit, une distance va se créer. Nous allons arrêter de dire bonjour à notre collègue, au cas où… Et petit à petit, ce qui n'était qu'une supposition va devenir vrai ! Ou, au contraire, nous allons agir pour changer notre hypothèse et nous mettre la pression pour que notre collègue nous aime à nouveau. À cause d'une simple supposition, tout devient biaisé.

Nos râleries sont finalement générées par un malentendu qui n'existe peut-être même pas. Il est donc important d'apprendre à clarifier les choses avant de les juger et de râler.

Menons notre petite enquête, exprimons nos doutes, posons des questions... Demandons à l'autre s'il est fâché. Soyons prêts à entendre ce qu'il a à nous dire au lieu d'éviter la confrontation, de tirer des conclusions trop hâtives et de nous laisser aller à râler sans raison réelle.

Apprendre à exprimer ses besoins et ses frustrations autrement

> Tout le monde se met en colère, c'est facile ; mais se mettre en colère avec la bonne personne, avec la bonne intensité, au bon moment, pour la bonne raison, d'une bonne manière, tout le monde n'en a pas la capacité, ce n'est pas facile.

***Éthique à Nicomaque,* Aristote (384-322 av. J.-C.)**

Arrêter de râler nécessite d'apprendre à trouver les mots pour exprimer nos frustrations et nos besoins. Le plus important pour nous est vraiment de trouver les mots qui vont « marcher », les mots qui vont nous permettre d'être entendus et compris.

On râle parce qu'un de nos besoins n'est pas satisfait, et même si parfois il est possible de considérer le bon côté des choses, de changer notre point de vue et de voir la vie en rose, bien souvent il est vraiment important de réussir à exprimer ce besoin, de le communiquer afin de créer du changement. Il est de notre devoir de trouver un moyen d'être entendus pour pouvoir le combler.

Avec ce challenge, beaucoup de personnes sont venues à moi pour essayer de me convaincre que râler sert à quelque chose ! Et je leur ai répondu que je partageais leur avis. Râler sert à quelque chose, j'en suis convaincue. Râler sert à satisfaire le besoin :

- d'être entendu ;
- d'exprimer sa frustration ;
- de compassion ;
- de faire passer son stress.

La vraie question que ce challenge soulève est : est-ce que râler répond vraiment à mon besoin ? Est-ce que ça marche ?

« D'une part, je me suis rendu compte que j'avais du mal à exprimer ce qui ne va pas et à faire respecter mes plates-bandes par autrui, et que ma seule façon de le faire, c'était en râlant et fronçant les sourcils. D'autre part, j'ai toujours vu mon père râler, et pour moi, c'est un symbole de puissance (alors que ce serait plutôt le contraire, en fait). Les croyances ont la peau dure. Ces prises de conscience m'ont permis d'avancer sérieusement. »

Céline

Est-ce qu'il y aurait une autre manière, plus efficace, de satisfaire mon besoin ?

Il peut être très intéressant de faire la distinction entre, d'une part, les besoins qui peuvent être satisfaits sans faire appel à une tierce personne, comme le besoin de se reposer qui nécessite qu'on se couche plus tôt par exemple, et dépend surtout de nous – râler ne sert à rien dans ce cas, on doit choisir de ne pas regarder le film pour être au lit plus tôt ; la solution à notre problème est là, entièrement entre nos mains – et, d'autre part, les besoins qui nécessitent la collaboration d'autres personnes pour pouvoir être satisfaits. Si je veux que mon besoin ne soit pas ignoré, il va falloir que j'arrive à le communiquer et à « convaincre » les autres de m'aider.

J'ai profondément pris conscience de cela quand j'ai compris que j'avais besoin d'aide à la maison. J'ai besoin d'un minimum d'ordre pour vivre et entre mes trois jeunes enfants et mon manque d'intérêt pour le ménage, je n'arrive pas à suivre et à ranger tout ce qui est dérangé dès que j'ai le dos tourné. J'ai essayé de râler, sans grand résultat, j'ai essayé de tout ranger moi-même mais ce fut un échec retentissant (je ne suis pas une grande ménagère !), j'ai essayé d'ignorer le bazar mais je n'étais pas heureuse… Il m'a fallu trouver un moyen d'exprimer ce besoin et de me sentir entendue et soutenue. Pour cela, je me suis tournée vers les outils de communication non violente de Marshall B. Rosenberg, et j'ai commencé à communiquer avec clarté sur ce qui se passait en moi, sans reproche ni jugement. Un jour, par exemple, je suis entrée dans mon salon pour découvrir que le sol était recouvert de petits papiers laissés là après un « atelier découpage ». J'ai eu envie de râler, car j'avais nettoyé le salon le matin même.

Marshall B. Rosenberg, psychologue et fondateur de la communication non violente (NVC, *Non Violent Communication*), explique dans son livre *Les mots sont des fenêtres (ou bien ce sont des murs)*[4] que si l'on veut communiquer sans violence et être entendu, il faut suivre les quatre étapes suivantes :

- Décrire la situation qui contribue ou non à mon bien-être : « Lorsque je vois tous les petits papiers de votre chantier de découpage par terre dans le salon… » Remarquez que lorsque je décris, je parle de moi, de ce que je vois, de ce que je vis. Je ne parle pas de l'autre et je ne le juge pas. Je ne dis pas : « Quand tu laisses tout ton bazar par terre… »

---

4. Marshall B. Rosenberg, *Les mots sont des fenêtres (ou bien ce sont des murs)*, La Découverte, 2004.

- Exprimer comment je me sens face à cette situation : « Je me sens découragée car j'avais rangé le salon ce matin. » Une fois de plus, je parle en mode « je » et non pas en mode « tu » et je me retiens de toute forme de jugement. Je ne dis pas : « Je trouve que tu te moques de moi » ou « Tu fais toujours du bazar, tu ne ranges jamais tes affaires ».
- Dire les besoins qui sont à l'origine de mes sentiments : « J'ai besoin d'un minimum d'ordre pour pouvoir fonctionner, me sentir heureuse et disponible pour ma famille. »
- Exprimer clairement (sans exigence) ce qui pourrait contribuer à mon bien-être. Préciser les actions concrètes, en choisissant des termes positifs, que je voudrais voir entreprises dans l'instant présent (cette étape primordiale est souvent oubliée) : « Est-ce que tu peux passer le balai dans le salon avant le dîner ? » Dire quand l'on veut que ce soit fait augmente de beaucoup les chances de réussite, car votre interlocuteur a une image claire de ce que vous attendez de lui.

Je voudrais ajouter une dernière étape qui est comme une « négociation ». Étant donné que ma demande n'est pas un ordre, l'autre a tout à fait le droit de me répondre « Non ». Il faut alors poursuivre le processus pour trouver un accord.

Les personnes autour de moi savent très bien désormais ce que je veux dire quand je dis qu'il faut qu'on trouve un accord. Elles entendent ma fermeté et ma prise de responsabilités pour satisfaire mon besoin. Je leur dis : « Je ne vais pas baisser les bras sur mon besoin, on doit trouver une solution », et en même temps : « Je ne vais pas te forcer, soyons créatifs et trouvons un accord. » Parfois, la personne peut refuser ma première demande, mais suggérer une autre chose qu'elle est prête à faire, par exemple : « Maman, tu passes le balai et moi, je mets la table. »

Comme vous pouvez le voir, cela demande de prendre un peu de recul face à sa propre frustration. Nous ne sommes plus dans la réaction brutale, dans le rapport de forces. Ici, pour réussir à ne pas râler, on doit vraiment apprendre à se connecter avec nos besoins et nos émotions pour pouvoir les nommer. On doit réussir à se dire : « Dans le fond, pourquoi j'ai envie de râler, qu'est-ce qui m'énerve ? »

Et surtout, on ne doit pas oublier de faire sa demande tout en acceptant qu'il faudra peut-être négocier.

En mettant en pratique ces étapes, vous prendrez vite conscience que ce qui vous fait râler est rarement ce sur quoi vous râlez ! En effet, vous constaterez rapidement que ce qui vous énerve est en fait rarement ce qui est devant vous. Les papiers par terre ne m'énervent pas vraiment. Je pourrais même les ramasser moi-même ou les laisser sur le sol. Je pourrais ignorer ma frustration et me forcer à voir la vie en rose. Mais ce serait ignorer ce qui m'énerve vraiment et qui est bien plus profond : le manque de partage des tâches de mes proches dans le rangement de la maison et mon besoin d'ordre pour me sentir bien. Si je ne satisfais pas ce besoin fondamental, il n'y a aucune chance que je puisse ne pas râler pendant 21 jours !

Nous avons tous des besoins profonds de sécurité, de respect, d'ordre, de réconfort, de repos, de liberté, d'intégrité, de considération, d'appartenance, etc. Et quand ces besoins ne sont pas satisfaits, nous passons par différentes émotions. Si vous tentez ce challenge, vous aussi prendrez alors le temps de voir ce qui est au cœur de vos émotions et quel besoin n'est pas satisfait. La situation qui vous fait râler n'est qu'un révélateur de votre besoin inassouvi. Saisissez donc cette opportunité pour identifier ce besoin profond et y répondre efficacement.

Une chose très importante que Marshall B. Rosenberg nous apprend est qu'une émotion n'est ni bonne ni mauvaise. Elle est, tout simplement ! Il n'y a pas de honte à se sentir dégoûté, accablé, consterné, contrarié, démoralisé, embarrassé, démuni, horripilé. Il est essentiel de prendre le temps de nommer nos frustrations (voir en annexe la liste détaillée des émotions et des besoins p. 263)[5]. Ce qui est important avec ce

5. Cette liste vous aidera à trouver les mots pour décrire votre frustration et votre besoin de manière constructive.

challenge, ce sont nos réactions face à nos frustrations. On peut soit râler, accuser, ou tenter de forcer les autres, soit prendre en main notre besoin, le communiquer sainement et avancer, dans le respect de tous. Ce challenge nous invite à prendre profondément conscience que râler ne nous permettra pas de satisfaire notre besoin et de supprimer notre frustration. Bien au contraire, râler va l'alimenter !

Si vous pensez vous lancer dans le challenge mais que vous hésitez encore, posez-vous les questions suivantes :

- Quel genre de messages partagez-vous aujourd'hui avec vos enfants, votre conjoint, vos parents, vos frères et sœurs, vos amis, vos collègues et tous ceux qui vous entourent ? Combien de temps êtes-vous prêt à vivre encore entouré de ces drames, conflits et malentendus ?
- Combien de temps êtes-vous prêt à continuer à râler sur vous-même ?
- Êtes-vous satisfait de la vie que vous êtes en train de créer ? Êtes-vous heureux tous les jours ou en souffrance, en train de râler ?
- Repensez à la journée d'hier, à la semaine passée. Êtes-vous satisfait de la place que prennent vos râleries dans votre vie ?

Prenez conscience du pouvoir de vos mots sur votre vie et de ceux des personnes qui vous entourent. Peut-être qu'auparavant, vous aviez l'excuse de ne pas être conscient. Mais à présent, vous savez. Vous savez à quel point vous râlez et la décision est entre vos mains. C'est votre choix.

Remplacer nos râleries par des célébrations

Comme je l'ai expliqué dans la première partie de ce livre, l'une des raisons qui m'ont poussée à commencer ce challenge vient de mon désir de célébrer davantage mon quotidien. Prendre le temps de déguster tous ces petits moments de la journée qui sont précieux et délicieux, et ne pas laisser mes râleries tout gâcher. La première chose à faire était pour moi de prendre la décision d'être attentive pour ne pas passer à côté de ces moments.

Je voudrais ici partager avec vous un extrait du livre d'Eckhart Tolle, *Nouvelle Terre*, qui m'a beaucoup inspirée pendant mon challenge.

> « Comment être en paix dès maintenant ? En faisant la paix avec l'instant présent.
>
> L'instant présent est le terrain de jeu où la vie se joue.
>
> En effet, elle ne peut se jouer nulle part ailleurs. [...]
>
> Le secret de l'art de vivre, le secret du succès et du bonheur se résume à cinq mots : Faire un avec la vie.
>
> Faire un avec la vie, c'est faire un avec le moment présent.
>
> À ce moment-là, vous réalisez que ce n'est pas vous qui vivez votre vie, mais la vie qui vous vit. La vie est le danseur et vous, la danse. »
>
> Eckhart Tolle[6]

Notre cerveau est un organe fantastique. Il absorbe et traite des tonnes d'informations. Et pourtant, vous le savez bien, nous n'avons pas en permanence « conscience » de ce que notre cerveau est en train de faire et d'emmagasiner.

En fait, c'est notre attention qui détermine ce dont nous avons conscience. Notre attention, c'est un peu comme un radar qu'on allume. Un radar qui prend certaines informations et les place au-devant de notre conscience, ou comme une grosse lampe qui met en lumière certaines choses afin qu'on les voie clairement. Ce que ce radar met en évidence devient notre réalité. On peut choisir de diriger la grosse lampe sur tout ce qui rend notre vie « difficile », qui nous ralentit, nous bloque,

6. *Nouvelle Terre*, Ariane, 2005.

nous limite, nous frustre, ou bien on peut choisir de diriger la lumière sur tout ce qui marche, tout ce qui est beau et agréable dans notre vie.

En plus, notre conscience joue un peu le rôle d'un aimant. Si notre radar « rien ne va » est en route, alors notre attention se concentre sur la détection et la mise en lumière de tous nos problèmes. Ce radar est très pointu et efficace. Et bien souvent, quand il est allumé, nous risquons d'attirer encore plus de galères dans notre vie (probablement parce que nous nous sommes mis dans cette disposition d'esprit). Tandis que si notre radar « bien-être » est allumé, nous avons la chance au contraire d'attirer à nous plus de raisons d'être heureux.

Notre expérience de chaque instant de la journée dépend de notre radar, de notre conscience. Car finalement, selon ce que notre radar pointe, nous pouvons passer une très bonne ou une affreuse journée.

> Soyez, à partir de maintenant, votre ami numéro un. Lorsque vous vous apprêtez à médire, lorsqu'un sentiment de colère vous traverse, songez : "Aimerais-je que les effets de cette pensée me reviennent et se manifestent dans ma vie ?" Jugulez-la instantanément, et remplacez-la par son opposé lumineux.
>
> ***Le Livre du bonheur,* Marcelle Auclair**

C'est exactement la raison pour laquelle j'ai voulu commencer le challenge. En râlant, je me mettais dans des situations où j'avais plein de raisons de râler !

Je me souviens très bien d'un matin vécu au cours du challenge, un matin où j'ai dû choisir quel radar je voulais allumer. Laissez-moi vous raconter…

J'avais oublié de sortir les poubelles. Quand j'ai entendu le camion arriver dans ma rue, j'ai couru dehors en pyjama et sans chaussures. Dans ma précipitation, je me suis fait mal au pied et j'ai renversé la poubelle. À ce moment-là, j'ai vraiment senti que j'étais à un « embranchement » et que je pouvais choisir mon chemin. La réaction « normale » aurait été de râler... Et pourtant, j'ai choisi de ne pas me laisser embarquer à commencer une journée du mauvais pied : soit cet « événement » était le signe que la journée qui commençait allait être mauvaise (ou pourrie), soit je choisissais de ne pas le laisser me voler ma joie de vivre matinale.

Conseils

Vous aussi, utilisez cette image du radar pour vous aider dans ce challenge. Si vous sentez que le radar de la râlerie s'est mis en route automatiquement, alors prenez une grande inspiration et faites le geste d'allumer le radar de la célébration en appuyant sur votre front, entre vos yeux à l'emplacement de votre troisième œil (le troisième œil est une métaphore mystique orientale qui désigne le regard qui correspond à la connaissance de soi ; généralement, on le place symboliquement sur le front, entre les sourcils). Ce geste va vous aider à accéder à la sagesse qui est en vous, cette part de vous qui a envie de rester « zen » et de savourer la vie.

Dans son livre *21 jours sans se plaindre*[7], Will Bowen parle de toutes les fois où dans notre vie nous utilisons des expressions du genre : « Évidemment ! », « Ça m'arrive à tous les coups ! », « Je n'ai vraiment

7. Will Bowen, *21 jours sans se plaindre*, Éditions de l'Homme, 2015.

pas de chance ! ». Et c'est vrai que, avant le challenge, trop souvent mon radar de la râlerie était allumé et on pouvait m'entendre dire : « Quoi encore ? », « Évidemment, je demande de l'aide et personne ne vient m'aider... », « J'en étais sûre que ça allait arriver, je l'avais bien dit pourtant, et maintenant évidemment, c'est à moi de régler le problème », etc.

J'ai pu finalement apprendre petit à petit à allumer le bon radar et, après avoir passé 21 jours consécutifs sans râler, on peut régulièrement m'entendre dire : « J'ai de la chance, mes enfants réclament encore mon attention. Je dois être un bon repère pour eux. Je leur fais du bien. Je vais tout faire pour que cela dure ! », « Évidemment, j'ai plein de choses à faire, j'ai créé mon activité pour être active, c'est logique ! », « J'en étais sûre qu'on passerait une bonne soirée ensemble ! », « Je le savais bien que je pourrais trouver du temps pour aller faire du sport cette semaine ! », etc.

Et si vous éteigniez le radar qui fait briller vos galères, vos obstacles, vos contrariétés ? Et si vous cherchiez au contraire à allumer le radar qui met la lumière sur le beau, le bon, le bien, le possible ? Le radar de la célébration, le radar du remerciement !

→ Exercice 25 : J'allume mon radar du bonheur (p. 167)

> « Voici la loi essentielle : la pensée crée – la parole crée. »
>
> ***Le Livre du bonheur,* Marcelle Auclair**

Personnellement, j'ai trouvé que prendre l'habitude de célébrer en toutes circonstances, alors que dans le même temps je décidais de supprimer mes râleries, était tout à fait adéquat. Je crois en effet que, dans la vie, lorsque nous voulons supprimer une habitude, il faut la remplacer par une autre qui nous convient mieux. Notre conscience n'aime pas le vide, et si nous nous contentons de retirer les râleries, elle va tout faire pour remplir à nouveau ce vide. Remplacez donc vos râleries par des mercis !

Pour m'aider à prendre l'habitude d'allumer le radar de la célébration, j'ai choisi de créer un rituel familial. Tous les soirs, réunis autour de la table pour le dîner, nous prenons le temps de célébrer les bonnes choses que nous avons vécues pendant la journée. Les enfants veulent célébrer les récréations, et surtout la joie d'avoir des amis sur lesquels ils peuvent compter ; nous, les parents, célébrons tel rendez-vous fructueux ou le plaisir d'avoir avancé dans nos projets, la blague qu'un collègue nous a racontée ou le côté marrant de la vie, le nouveau contrat que nous avons signé ou la satisfaction d'y avoir contribué.

C'est un rituel établi depuis maintenant plusieurs années, même si tout le monde n'est pas obligé d'y participer (ça fait tout drôle et bizarre de célébrer, surtout au début !). Finalement, je remarque que maintenant tout le monde y prend plaisir, y compris mon mari. Notre petite dernière aime beaucoup ce rituel, et s'il nous arrive de l'oublier, elle nous rappelle à l'ordre en disant : « Maman, maman, j'ai quelque chose à célébrer ! »

Arrêter de râler et commencer à célébrer, c'est choisir de croire que la vie est belle et qu'elle est là pour nous. Einstein a dit un jour que la question la plus importante que nous pouvons nous poser est : « Est-ce que la vie est notre amie ? » Oui, la vie est pleine de galères, de guerres et d'atrocités, et bien souvent les médias allument le radar qui sonne l'alarme et nous montrent les dangers et les horreurs de la vie. Et pourtant, quand on écoute les sages de tous les temps (Bouddha, Gandhi, Mère Teresa...), ils nous communiquent des messages d'espoir, de paix et de beauté de la vie. À choisir entre les médias et les sages, je choisis d'écouter les sages parce que leur message fait sortir le meilleur de moi-même et m'invite à ne pas aller contre la vie. Ils m'invitent à ne pas juger le passé, que je ne peux pas changer, et à faire de mon mieux pour contribuer au futur. Ils me donnent espoir et j'ai envie de les croire. Je pense que leur message est porteur de paix, de pardon et de bienfaits.

Alors, avec ce challenge, je voudrais vous inviter à dire, à parler, à communiquer sur toutes les choses que vous avez à célébrer depuis que vous vous êtes levé ce matin. Ne vous contentez pas d'ajouter des pensées positives, mais comblez le vide du manque de vos râleries par des mots de célébration à intégrer dans vos conversations.

Conseils

Comblez le vide : vous avez retiré des râleries, remplacez-les par des mercis !

Remplacez les conversations où vous râliez par des conversations où vous mettez le doigt sur toutes ces choses qui font que la vie est belle, que vous avez de l'espoir, des projets et l'envie de profiter.

Prenez le temps de dire aux autres (les membres de votre famille, vos collègues, vos amis...) ce que vous appréciez chez eux. Nous savons tellement bien pointer du doigt quand les autres ne font pas ce que nous attendons d'eux ; apprenons désormais à pointer du doigt ce que les autres font pour contribuer à notre vie. Mettez en place le rituel de la célébration au sein de votre foyer.

Au bureau, commencez vos réunions par parler pendant 5 à 10 minutes de ce qui marche. Prenez le temps de remercier les participants pour leur présence, soulignez la contribution de chacun sur les projets en cours, vous serez alors tous plus motivés pour améliorer le reste, ou continuer d'avancer sur les dossiers qui ont besoin de toute votre attention.

Rappel

Faisons l'effort de ne pas céder à la facilité qui consiste à râler. Oui, ne pas râler demande plus d'énergie, mais nous allons récupérer cette énergie de manière décuplée quand nous serons libérés des râleries qui nous polluent.

Observons quand nos râleries font fuir les autres. Apprenons à diminuer le volume de nos râleries pour pouvoir déguster la douceur des nouvelles conversations alors possibles.

Remarquons quand nous avons tendance à voir notre vie à travers ces jumelles qui dramatisent les situations et nous diminuent, et quand nous avons tendance à être de mauvaise foi. Au contraire, apprenons à avoir le mot juste et à faire le tri entre nos frustrations personnelles et la réalité des faits.

Apprenons à dissiper les malentendus et osons communiquer pour éviter des râleries fondées sur des suppositions. Pour cela, apprenons à utiliser les techniques de communication non violente de Marshall B. Rosenberg en décrivant la situation sans jugement, en exprimant comment nous nous sentons, en nommant nos besoins qui sont à l'origine de notre frustration et en formulant clairement notre demande tout en étant prêts à négocier pour trouver un accord.

Comblons le vide et remplaçons nos râleries par des célébrations.

CHAPITRE 5
Prendre sa vie en main

Pour réussir ce challenge, il faut tout d'abord arrêter de reporter au lendemain ce que vous pourriez commencer aujourd'hui. Vous êtes à présent bien engagé dans ce programme, et si vous êtes toujours en train de le lire, c'est bien que ce message vous interpelle.

Ne pas reporter à demain

Une part de vous a sans doute profondément envie d'intégrer ce challenge dans votre vie. Et pourtant, je suis prête à parier qu'une autre part de vous est tentée de le reporter à demain. Une part de vous a envie d'attendre que vous soyez « prêt ». En effet, il y a toujours quelque chose que nous souhaiterions « régler » avant de commencer. Peut-être que vous vous dites « J'arrêterai de râler quand… :

- j'aurai un travail ;
- je serai moins fatigué ;
- j'aurai terminé mon déménagement ;
- j'aurai un(e) amoureux(se) ;
- j'aurai mon nouveau travail et n'aurai plus à subir mon supérieur ;
- je serai sorti de mes soucis financiers ;
- les grèves seront finies », etc.

On a en effet tous tendance à croire que notre vie sera meilleure et plus sereine plus tard, quand on aura reçu ou changé des choses… et qu'ensuite, on pourra arrêter de râler.

Les spots publicitaires et les campagnes de marketing qui nous inondent cherchent d'ailleurs à nous en convaincre. Ils sont partout, dans les transports en commun, sur le bord des routes, à la télévision, à la radio... Ils nous disent à quel point notre vie sera meilleure quand nous posséderons ce nouveau produit ou aurons accès à ce nouveau service : le nouveau modèle de cette voiture est la clé de notre bonheur, et nous allons enfin être vus et reconnus ; ce rouge à lèvres va augmenter notre estime personnelle et nous mettre en valeur ; ce complément alimentaire va enfin nous permettre de nous sentir en forme et nous donner de l'énergie, etc.

Nous sentons tous bien qu'il y a parfois un vide dans notre vie et les rois du marketing nous font croire que nous devons le combler avec des choses nouvelles pour avoir une vie heureuse. Et, au bout du compte, nous sommes constamment en train de mettre notre bonheur et notre sérénité « sous condition ». On attend que tout soit parfait, et finalement, on reporte au lendemain, voire au surlendemain, pour profiter pleinement de notre vie. Et ainsi de suite.

Dans son livre *Et si le bonheur vous tombait dessus*[1], Daniel Todd Gilbert, professeur de psychologie à l'université Harvard, montre à quel point les gens se trompent quand ils imaginent leur futur, et tout particulièrement quand ils imaginent ce qui va les rendre heureux. Daniel nous emmène aux pays des leurres, de la rationalisation et des illusions mentales et nous démontre combien nous surestimons ce que nous espérons tirer des choses que nous voulons obtenir. Que ce soit les vacances sur une île paradisiaque ou la promotion tant attendue. Chaque fois, la chose tant attendue nous apporte finalement moins de bonheur que ce que nous pensions. Les recherches de Daniel Todd Gilbert, fondées sur la psychologie, les sciences cognitives et les neurosciences, nous montrent que lorsque nous envisageons le futur, notre imagination est atteinte d'illusion d'optique. Il nous fait comprendre que nous sommes

1. Daniel Todd Gilbert, *Et si le bonheur nous tombait dessus*, Robert Laffont, 2007.

bien incapables de contrôler l'avenir, alors même que notre esprit ne rêve que de ça.

Le challenge « J'arrête de râler » vous invite à sortir de cette spirale qui vous empêche de profiter pleinement de chaque jour que la vie vous offre tel qu'il se présente à vous : avec ses galères, ses contretemps, ses frustrations… Cette spirale qui vous pousse à toujours vouloir quelque chose de différent et à devenir un éternel insatisfait. Avez-vous remarqué que, bien trop souvent, l'on râle car il fait trop chaud alors que deux jours plus tôt on râlait sur le mauvais temps ?

Avec ce challenge, vous pouvez puiser dans votre énorme capacité (souvent ignorée) à vous adapter sans avoir à vous lamenter sur votre envie de quelque chose de différent.

Il n'y a pas de victime heureuse

Une des plus grandes leçons de ce challenge a été pour moi de prendre conscience de toutes les fois où, dans ma vie, je me considérais comme une victime. Quand les écoles de mes enfants changeaient les horaires de début et de fin des cours à la dernière minute et que cela bousculait mon programme personnel et professionnel pour toute l'année. Quand mon hôtel ne prenait pas en compte ma réservation. Quand mes enfants me réveillaient la nuit. Quand les services d'urbanisme faisaient des travaux et que je me retrouvais en retard à mon rendez-vous à cause des bouchons. Quand l'économie était en crise et que mes finances en souffraient. Quand l'électricité était coupée, car j'avais payé ma facture avec quelques jours de retard. Quand ma connexion Internet était mauvaise. Quand on annulait un rendez-vous avec moi au dernier moment et que j'avais perdu de mon précieux temps…

« Alors, ce qui m'a décidée à arrêter de râler, c'est tout d'abord l'ambiance à la maison qui était devenue très électrique, voire ingérable. Avec trois enfants dont un tout-petit et un pré-ado, j'avais du mal à gérer les périodes de crise, et je me suis rendu compte que mon comportement n'arrangeait pas les choses, que même si tout ne dépendait pas de moi, les membres de ma famille interagissaient et que lorsque l'un râlait, cela "contaminait" les autres.

Au bureau (repaire de râleurs en tout genre), j'ai réussi à "neutraliser" une collègue très pénible grâce à une simple petite chose. J'avais l'habitude de la saluer tous les matins en lui disant : "Bonjour Sophie, comment ça va ?", ce à quoi elle me répondait toujours en se lamentant sur sa vie, son mari, sa fatigue, ses états d'âme... Je me suis souvenue d'une phrase du film *Le Bal des casse-pieds* qui dit en substance qu'il ne faut jamais mais alors jamais demander à un casse-pieds comment il va ! Maintenant, je la salue en lui disant simplement : "Bonjour Sophie !" et elle ne déverse plus son mal-être sur moi tous les matins !

Les grandes choses que j'ai apprises sont que mon comportement influence celui de mes interlocuteurs, que râler ne fait jamais avancer les choses (au contraire), que nous avons beaucoup de choses à apprendre sur la communication non violente pour résoudre les problèmes. Je recommande à tout le monde de relever ce challenge, car à tous les stades on apprend sur soi, sur les autres, car on se sent bien mieux lorsqu'on vit ensemble dans une bonne entente et lorsque les choses désagréables sont dites sans blesser ni culpabiliser l'autre. »

Christiane

Tous ces moments, à longueur de journée, étaient comme des flèches qui m'attaquaient. Et bien souvent, j'avais tendance à vouloir baisser les bras. À me dire « C'est vraiment une journée pourrie » ou à penser « J'en étais sûre, ça n'arrive qu'à moi ce genre de choses », ou encore « Et vlan, une galère de plus ».

La découverte de cette histoire de l'âne au fond du puits m'a beaucoup aidée à changer de perspective. C'est une histoire que j'avais lue il y a quelques années, mais tout à coup, dans le cadre de ce challenge, j'ai pu me l'approprier et l'appliquer concrètement à ma vie.

La légende de l'âne et du puits

Un jour, l'âne d'un fermier tombe dans un puits. L'animal gémit pitoyablement pendant des heures, et le fermier se demande quoi faire. Finalement, il décide que l'animal est vieux et le puits doit disparaître. De toute façon, ce n'est pas rentable pour lui de récupérer l'âne. Il invite alors tous ses voisins à venir l'aider. Avec une pelle, ils commencent à boucher le puits.

Au début, l'âne réalise ce qui se produit et se met à braire. Puis, à la stupéfaction de chacun, il se tait. Quelques pelletées plus tard, le fermier regarde dans le fond du puits et est étonné de ce qu'il voit. Avec chaque pelletée de terre qui était tombée sur lui, l'âne avait fait quelque chose d'incroyable : il s'était secoué pour enlever la terre de son dos et était monté dessus. Bientôt, chacun est stupéfait de voir l'âne sortir du puits et se mettre à trotter !

La vie va essayer de vous engloutir sous toutes sortes d'ordures. Le « truc » pour se sortir du trou est de se secouer pour avancer. Chacun de nos ennuis est une pierre qui nous permet de progresser. Nous pouvons sortir des puits les plus profonds en n'arrêtant jamais. N'abandonnez jamais ! Secouez-vous et foncez !

Si l'âne avait choisi d'être victime et avait continué de braire et de râler, il serait enterré au fond du trou. Au lieu de cela, il a choisi de se prendre en main et d'être créatif. Souvent, quand je me sens moi-même au fond du trou, je repense à cet âne. Quand je me sens paralysée par ce qui m'arrive et que j'ai juste envie de pointer du doigt les coupables en râlant, je prends pleinement conscience que cela ne me fera pas sortir du trou. Bien au contraire, si je me contente de râler, je vais finir engloutie sous le poids de mes râleries.

Désormais, quoi qu'il m'arrive, même si j'ai l'impression de subir quelque chose que « quelqu'un me fait », j'essaie de ne plus perdre mon énergie à juger ou à râler, car j'ai conscience que cela me rend encore plus misérable, et surtout que cela ne me fait pas avancer.

Libérons les coupables !

Avez-vous remarqué à quel point nous avons profondément besoin de trouver des coupables à tout ce qui nous arrive ? Ah ! ces coupables, nous les aimons, nous les cherchons et nous passons notre temps à les pointer du doigt ! C'est comme s'ils nous donnaient de la consistance !

Nous nous disons : « C'est vrai, ce n'est pas ma faute, à moi, et puis vraiment, si seulement on pouvait les discipliner un peu, ces coupables... ma vie serait tellement plus simple ! » Nous râlons, nous nous plaignons : « Si seulement les coupables pouvaient comprendre, aider, être plus responsables, avoir plus de respect pour nous, pour les règles... »

Je me souviens très bien avoir été dans cette situation moi-même pendant mon challenge. J'étais à la plage avec mes filles. J'avais envie de me détendre, de lire un magazine et de profiter de ce moment loin de mes ordinateurs et de mon téléphone. Et mes filles (mes coupables du moment) n'arrêtaient pas de me demander des choses : « Maman, j'ai faim, maman, je ne trouve pas mon maillot de bain, maman, j'ai besoin d'aller aux toilettes… » Elles étaient très polies, et pourtant, je me suis mise à râler, car une part de moi avait profondément envie que mes filles soient autonomes, qu'elles arrivent à jouer et à se débrouiller toutes seules, qu'elles me laissent tranquille ! Je ne pouvais pas me détendre et c'était de leur « faute », et pourtant elles se comportaient comme des petites filles normalement constituées. C'est ce jour-là que j'ai réalisé à quel point j'avais tendance à toujours vouloir trouver des coupables responsables de mes frustrations.

Ce jour-là, j'ai pleinement pris conscience que je pouvais être frustrée non pas parce que les autres me faisaient subir quelque chose, mais parce que j'avais des attentes qui n'étaient pas compatibles avec ma réalité du moment (comme lire un livre quand je suis seule à la plage avec mes trois enfants).

J'avais donc un choix à faire. Je pouvais :

- soit râler, car je ne pouvais pas lire tranquillement ;
- soit profiter d'être à la plage et saisir cette opportunité pour faire une activité avec mes filles (me baigner, construire un château de sable, ramasser des coquillages…).

Pour cela, j'ai dû arrêter de me sentir victime et faire le deuil de mon désir de lire. Mais de toute façon, espérer ne pas être interrompue était absolument irréaliste ! J'ai pris conscience que si je voulais lire en paix, je devais créer un scénario différent et compatible avec ce désir, comme lire le soir plutôt que de regarder un film, ou m'accorder une pause au café du coin dès le lendemain, quand mon mari serait disponible pour les enfants.

Avec ce challenge, apprenons à libérer les coupables ! Cessons d'accuser les autres de tous nos maux. Nos collègues de travail qui nous fatiguent, le percepteur qui prend notre argent, les transports en commun qui sont en retard, l'économie qui nous déprime…

Faire attention à la pression qui monte… comme dans une cocotte-minute

> « "J'arrête de râler" peut sembler pour certains comme un aveu de faiblesse, l'impression d'être un béni-oui-oui. Mais "arrêter de râler" ne signifie pas "être d'accord sur tout" et retenir ses désaccords. »
>
> **Albert**

J'ai remarqué en faisant ce challenge que je râlais très très souvent, car en fait j'explosais face à une situation qui avait duré trop longtemps ou qui se répétait. Je râlais, car auparavant j'avais réussi à me contenir, à voir les choses du bon côté, à prendre sur moi et à me taire pour ne pas être la sorcière de service… Et finalement, au bout d'un moment, je finissais par exploser ! Comme le bouchon d'une cocotte-minute que l'on doit retirer. La pression était trop montée, cela devenait intenable et il fallait que ça sorte ! En râlant ! Pour faire du vide… Dans ces moments-là, on a tendance à se dire que « râler sert à quelque chose ». Mais en fait, on aurait tout simplement pu éviter d'en arriver là, non ?

En effet, j'ai profondément pris conscience que, face à une situation difficile, il est important que je ne réprime pas ma frustration, que je ne cherche pas à la contenir, car sinon, au bout du compte, la cocotte-minute explose – et d'ailleurs, parfois dans une situation qui n'a rien à voir avec ma frustration initiale !

Prenons un exemple que j'ai vécu : je suis frustrée, car ma petite fille pleure et veut que je la porte toute la journée. Je subis ses demandes, car je n'ai pas le courage d'affronter le problème et de gérer la crise si je dis non. Alors, je choisis de me taire, je la porte et je fais tout ce que je peux pour qu'elle arrête de me crier dans les oreilles. J'encaisse… Et plus tard dans la journée, mon autre fille me réclame un truc quelconque, et là, j'explose ! « Y en a marre, ce n'est pas possible, je ne peux pas tout faire, je suis fatiguée, tu pourrais te débrouiller ! » Ma réponse est disproportionnée par rapport à sa demande, elle est liée à une frustration plus ancienne, trop longtemps contenue. Cette frustration fait abruptement irruption dans une autre situation. La cocotte a explosé sur mon autre fille, qui n'y est pour rien… Elle accuse le coup de cette frustration que j'ai retenue toute la journée, car je n'ai pas pris soin de moi ni de mes besoins. Je n'ai pas su faire respecter mes limites, alors je me sens victime et suis encore plus triste de m'être énervée.

Voici un autre scénario (que j'ai également vécu) pour ceux qui n'ont pas d'enfant : je travaille sur un projet difficile depuis plusieurs jours, les heures passent et je n'ai toujours pas terminé. Je pourrais me faire aider, mais je ne sais pas trop comment et j'ai peur que cela me coûte trop cher (et c'est plus simple de faire soi-même que de former quelqu'un). Je saute des repas, me couche tard, vidée. Je commence à me fatiguer et à être frustrée. D'autant plus que ce n'est pas la première fois que je me retrouve dans cette situation. De surcroît, d'autres personnes me sollicitent et réclament mon aide. Ce n'est pas grand-chose, juste un petit truc par-ci par-là, et je dis oui, car je ne me vois pas refuser. J'ai envie de les aider. Au bout de quelque temps, je commence à me sentir tiraillée. Finalement, un jour, en fin de journée, mon ordinateur me lâche et là, j'explose. Je me mets à râler, je suis profondément en colère. Ce souci technique est la goutte qui fait déborder le vase, le déclencheur qui fait sauter la cocotte-minute. Mais la pression était là depuis plusieurs jours, elle montait progressivement, et je n'ai rien fait pour la réduire au fur et à mesure. J'ai laissé la situation empirer.

Avec ce challenge, j'ai vraiment pris conscience de l'importance de lâcher la pression de la cocotte-minute au fur et à mesure. Je suis très vigilante quand je sens que la pression monte, je prends soin de moi, je pose mes limites, j'exprime mes besoins, je dis non parfois, je demande de l'aide, j'inverse la pression avant que la situation ne dégénère, et parfois aussi, je change de point de vue.

C'est un challenge de chaque heure, de chaque instant, mais qui est source de tant de sérénité.

Conseils

Écoutez votre corps et arrêtez-vous quand vous sentez la pression monter, vos oreilles chauffer, votre ventre se nouer... Votre corps vous parle et vous dit que la situation est en train de dégénérer.

Que pouvez-vous faire pour soulager la pression que vous subissez actuellement ? Définissez trois actions et planifiez de les réaliser dans les 48 heures à venir.

Vous avez trop de travail...	Apprenez à dire non ou à demander de l'aide.
Votre maison est sale et en bazar...	Déléguez ce que vous pouvez aux membres de votre famille (mon mari et mes enfants de 10 et 8 ans font leur lessive eux-mêmes depuis deux ans). Faites le choix financier de stopper une dépense pour pouvoir prendre une femme de ménage au moins une fois tous les 15 jours.
Vous êtes fatigué...	Couchez-vous avant 22 heures au moins un soir sur deux.
Vous ne vous sentez pas respecté...	Osez demander qu'on vous parle sur un autre ton.

Savoir anticiper

Parfois, être conscient de ses frustrations ne passe pas forcément par dire les choses « après coup ». Il faut aussi savoir exprimer ses attentes « avant », quand il n'y a pas encore de problème. C'est tellement plus simple ! Par exemple, si, au travail, à la maison, en famille ou entre amis, vous savez que certaines situations ne vous conviennent pas, alors prévenez les personnes qui sont autour de vous.

Avec vos proches

Avec mes amis ou mes frères et sœurs, nous nous retrouvons souvent avec nos enfants et, comme vous le savez peut-être, dans ces moments-là, tout le monde doit prendre un peu sur soi.

Je prends désormais le temps de dire mes attentes par rapport à la vie en communauté et d'exprimer ce qui me convient. J'explique en quoi je suis souple et ce à quoi je tiens, et les autres font de même. Voilà ce que ça peut donner :

- « Moi, les cris des enfants à table, ça me porte sur les nerfs. Est-ce que chaque parent peut gérer son enfant et l'emmener dans la pièce d'à côté s'il fait une crise ? »
- « Moi, cela ne me gêne pas qu'on me dise que je dois préparer le déjeuner, je préfère qu'on me confie un truc plutôt que vous le fassiez à ma place en ronchonnant, car je n'ai pas été assez réactive à vos yeux. »
- « Moi, me retrouver à vingt dans une maison, cela ne me va pas et je n'en profite pas, car on n'arrive pas à se rencontrer et à se détendre et je n'arrive pas à fonctionner dans tout ce bruit. Je préfère vous voir en plus petit comité. »
- « Moi, tant que je peux faire ma sieste au calme, je suis heureux ! »
- « Moi, ce qui me ferait plaisir, c'est de pouvoir aller marcher 45 minutes tous les matins. Si vous me gardez mes enfants, je vous garde les vôtres pendant la sieste. »

Ainsi, chacun a l'opportunité de dire ce dont il a besoin pour que tout se passe bien. Et ensuite, nous faisons tous un effort. Parfois, il y a des imprévus et un besoin ne peut pas être satisfait, mais chacun a été entendu et nous restons tous flexibles. Nous ne sommes ni bornés ni irréalistes.

Conseils

Posez vos limites à l'avance, quand c'est facile parce que l'autre n'est pas mis en défaut.

Sachez reconnaître les scénarios qui ne vous conviennent pas et évitez-les.

Faites le point régulièrement. Parlez du moindre malentendu ou problème tout de suite, quand c'est encore gérable, pour empêcher la pression de monter.

Mettez en place un conseil de famille pour permettre à tout le monde de s'exprimer et d'être entendu.

Au travail

J'essaie de faire de même avec mon équipe professionnelle. Je préviens chacun à l'avance de la façon dont je fonctionne et de ce qui marche le mieux pour moi. Par exemple, j'ai récemment intégré une nouvelle personne dans mon équipe. J'ai pris le temps de la prévenir de ma manière de fonctionner (y compris en lui disant mes défauts) pour lui éviter de râler à cause de malentendus. Je lui ai dit : « D'une manière générale, je suis assez directe dans mes courriels, je ne mets pas toujours les formes car j'écris souvent très vite, entre deux autres choses. Mais j'ai besoin que tu aies confiance en moi et que tu saches que je suis toujours pleine de bonnes intentions. Si j'ai une remarque ou que je ne suis pas satisfaite de ton travail, je te le dirai toujours en face, et j'attends la même chose de toi. »

De la même manière, pour éviter que les frustrations ne s'accumulent, je communique avec les membres de mon équipe et leur dis dès le début exactement ce que j'attends d'eux et comment je vois notre collaboration et notre réussite commune.

Ainsi, au travail, entre amis et en famille, je communique clairement mes attentes dès le départ. Je préviens les autres de la façon dont je fonctionne, de mes besoins et de ce qu'ils peuvent attendre de moi. Régulièrement, je fais le point avec eux pour voir si nous avons un trop-plein de non-dits ou de frustrations. Je communique le plus possible avant que le problème n'arrive, quand les émotions fortes négatives ne sont pas encore présentes, quand la pression dans la cocotte-minute est encore loin de la faire exploser. C'est tellement plus sain, et surtout tellement plus facile !

Accepter d'être imparfait

Ce challenge nous pousse à être au mieux de nous-mêmes, mais aussi à accepter que nous ne serons jamais parfaits. Il est normal d'échouer au cours du challenge et de devoir recommencer. Il est normal aussi de se tromper et de faire des erreurs dans la vie. Ne râlons pas pour autant. Libérons-nous de la pression qui consiste à essayer d'être parfaits. Autorisons-nous des actions imparfaites.

Arrêtons de nous sentir accablés par toutes nos obligations. Stop aux « Je dois faire ceci, je dois faire cela... » ! Reconnectons-nous à ce que nous avons profondément envie de faire. Car nous avons tous envie de faire de notre mieux. C'est cela qui compte : gardez-le bien en tête au quotidien.

Remettre le plaisir au cœur de sa vie

J'ai une bonne nouvelle pour vous. L'un des moyens les plus agréables de contribuer à la réussite de ce challenge est de redonner sa place au plaisir dans votre vie. Eh oui, « se faire plaisir » plus souvent est un excellent moyen de râler moins ! Si nous avons des sources de plaisir dans notre vie, nous aurons beaucoup moins tendance à mettre l'accent sur ce qui cloche dans notre quotidien. Nous serons moins aigris. On finit toujours par faire payer à quelqu'un ce qu'on s'est forcé à faire.

Ce qui me surprend toujours, c'est que nous savons tous que c'est à nous-mêmes de nous faire plaisir dans notre vie, et pourtant, bien trop souvent, nous résistons. Une part de nous a très envie de « se laisser aller à s'accorder du plaisir » et une autre se dit : « Non, ce n'est pas bien, il ne faut pas. » Nous trouvons des excuses : on n'a pas le temps, on doit s'occuper des enfants, on doit travailler, on doit faire ceci ou faire cela à la place, ces choses sont plus importantes… Et finalement, jour après jour, nous nous sacrifions.

Anne Dufourmantelle, philosophe et psychanalyste, nous dit que « se faire plaisir implique de pouvoir vivre pleinement l'instant sans se placer sous surveillance interne[2] ». Eh oui, pour réussir le challenge de ne pas râler pendant 21 jours consécutifs, il faut savoir parfois faire taire notre petite police interne qui nous maintient concentrés sur la liste de choses à faire que nous nous imposons et sur nos responsabilités. Nous devons apprendre à nous reconnecter au plaisir d'être tout simplement dans le moment présent.

Je tiens à préciser que le plaisir est tout d'abord une expérience charnelle et sensuelle qui n'a souvent rien à voir avec le fait de s'acheter un nouvel objet ou d'obtenir quelque chose de neuf. Je ne vous dis pas de ne plus craquer pour un petit cadeau que vous vous faites à vous-même, un

2. http://www.psychologies.com/Moi/Se-connaitre/Comportement/Articles-et-Dossiers/Saisir-tous-les-plaisirs/Pourquoi-nous-avons-du-mal-a-nous-faire-du-bien

gadget technologique ou un nouvel habit qui vous fera vraiment plaisir, bien au contraire.

Mais souvenez-vous que le plaisir se trouve surtout dans l'instant présent, dans votre corps, dans des choses auxquelles vous avez accès facilement. Ce peut être s'accorder le temps de faire une sieste ou de lire un livre au calme, de contempler des œuvres d'art ou bien de faire du sport, d'aller prendre l'air dans la nature (certains considèrent que la marche peut résoudre tous les problèmes et je veux bien les croire), ou de danser régulièrement (c'est mon activité plaisir préférée). Le plaisir peut se trouver aussi juste dans le choix conscient de sentir ce qui nous apporte du plaisir dans notre quotidien : un goût, un parfum, une image, les choses que nous trouvons belles, celles qui nous inspirent, nous font sourire ou nous amusent… La liste est longue.

À nous de trouver les choses qui nous font profondément plaisir. Ces choses qui nous reconnectent avec notre corps et nos sens. Ensuite, autorisons-nous à ralentir pour prendre le temps de les vivre pleinement, d'en profiter.

Le plaisir par l'exemple

Je me souviens parfaitement du jour où j'ai pris conscience du pouvoir de ma petite voix « police anti-plaisir » durant mon challenge. C'était un jeudi matin, et l'un de mes clients venait d'annuler notre rendez-vous. J'avais donc, de manière tout à fait inhabituelle, ma matinée de libre, mais comme toujours une liste infinie de choses à faire.

Tous les dimanches matin, je prends des cours de Nia. Technique s'inspirant de la danse, des arts martiaux et de la prise de conscience corporelle[3], le Nia s'adresse au corps et à l'esprit. C'est un cours de

3. Pour en savoir plus : www.nianow.fr

danse qui me procure le plus grand plaisir et me fait le plus grand bien. Je me disais souvent que mon rêve serait de commencer chaque journée par cette danse. Le cours était aussi proposé le mardi et le jeudi matin, mais je n'avais jamais la possibilité d'y aller, car c'était pendant mes heures de travail. Ce jeudi matin là, mon agenda était vide et je me suis sentie déchirée entre l'envie de m'autoriser à aller à ce cours de danse et ma responsabilité d'avancer sur mon interminable liste de choses importantes et urgentes à effectuer. N'arrivant pas à me décider, j'ai quand même mis ma tenue de sport dès mon réveil. Une heure plus tard, alors que je venais de déposer mes enfants à l'école, je me suis retrouvée face à la décision à prendre. J'étais au volant de ma voiture en direction de mon bureau, et j'ai fait demi-tour vers le studio de danse, en pensant : « C'est trop bête, pour une fois que je peux aller danser en semaine, moi qui en rêve tout le temps. » Au feu suivant, j'ai refait demi-tour avec un nœud dans le ventre, direction le bureau : « Non, vraiment, ce n'est pas sérieux, j'ai tellement de choses à faire, je ne peux pas me permettre de danser ce matin. » Je me souviens même avoir appelé mon mari pour qu'il décide pour moi ! Ce qu'il n'a pas fait, évidemment. Je me sentais tellement coupable de vouloir prendre du plaisir. De lâcher prise sur les choses à faire et de vouloir juste profiter, m'amuser, me reconnecter avec mon corps… Finalement, je me suis dit : « Je fais ce que je veux », et je suis allée danser. Ce jour-là, je n'ai pas râlé. Je me sentais comme une millionnaire, car je m'étais offert le luxe d'une heure de danse le matin un jour de semaine ! Le cours m'a fait le plus grand bien et m'a apporté beaucoup de plaisir. Dès le cours fini, je suis retournée travailler, motivée, concentrée… heureuse.

Vous aussi, parfois, autorisez-vous à faire ce que vous voulez. Sachez lâcher prise et faire taire votre « surveillance interne ». La vie est faite pour être vécue pleinement, et nos listes interminables de choses à faire pour hier ou pour demain ne doivent pas prendre toute la place. Laissez de la place dans votre quotidien pour les choses importantes qui vous apportent joie et bonheur. C'est à vous de rendre ces choses prioritaires et de ne pas les laisser disparaître sous la multitude de tâches à accomplir.

Une leçon importante pour moi au cours de mon challenge a donc été de ne pas me laisser déborder par ma charge de travail et par toutes ces petites choses à faire (mes graviers et mon sable) pour mener à bien vie professionnelle et familiale. J'ai pris conscience de l'importance de mettre un caillou « plaisir » dans mon vase (voir p. 140 la métaphore du vase et des gros cailloux).

→ Exercice 13 : Je visualise mes gros cailloux (p. 145)

Conseils

Tous les jours, faites le point pour évaluer combien vous vous sentez envahi par vos contraintes. Et rééquilibrez la balance en vous accordant un moment de plaisir.

Arrêter de râler ou donner, se donner et redonner

Arrêter de râler, c'est arrêter de faire de nos frustrations des montagnes infranchissables. C'est arrêter d'exagérer nos soucis et de les rendre encore plus grands en râlant. Arrêter de râler, c'est se rendre compte qu'en fait, il y a plein de choses merveilleuses dans notre vie et choisir d'en profiter pleinement. Arrêter de râler, c'est aussi sortir de nous-mêmes et tourner notre regard vers la vie, vers les autres, vers ceux qui ont besoin de nous. Arrêter de pleurnicher sur notre propre sort et nous concentrer sur notre bonheur et celui des autres. Arrêter de constamment chercher à savoir si les autres nous rendent heureux ou sont à la hauteur de ce que nous attendons d'eux, mais plutôt commencer à penser aux autres, à leur bonheur, à ce qu'on peut faire pour les aider. Essayez, vous constaterez d'un coup que la vie devient tellement plus belle, plus sereine.

Nous sommes tous constamment en train de nous battre pour « survivre » : les factures, le loyer ou l'emprunt de la maison, les frais des études des enfants, cette liste de choses à faire… et nous pouvons tous, à un moment donné, nous sentir coincés dans cette course infernale, au point de nous oublier.

Et pourtant, je crois profondément que le meilleur moyen d'arrêter de râler est d'apporter notre pierre, notre contribution à la vie. La vie nous a donné à tous des talents, des cadeaux, et je suis convaincue que le meilleur moyen d'être heureux (et d'apporter du bonheur dans notre vie et dans celle des autres) est de les partager avec la société. Quand nous aidons quelqu'un, quand nous utilisons nos talents pour réussir quelque chose dans notre travail ou dans notre vie privée, quand nous rendons la vie des autres meilleure, nous perdons toute raison de râler, car nous nous sentons utiles.

Ce challenge invite ainsi ceux qui le veulent à faire le point et à se demander chaque jour : « Comment puis-je aujourd'hui me mettre au service des autres et de moi-même ? » ou « Qu'est-ce que je peux apporter aujourd'hui aux autres ou à moi-même ? ».

Il y a une multitude de qualités en nous que nous avons tendance à prendre pour acquises. Certains sont doués pour les relations humaines ou la vente, d'autres pour l'art ou pour la recherche, certains pour prendre soin des autres… cela nous semble tellement naturel et facile que nous ne nous rendons même pas compte que c'est un talent particulier que nous avons. Nous épanouir consiste à nous mettre dans des situations où nous pouvons puiser dans nos talents pour participer et contribuer à un projet qui nous tient à cœur dans la société.

Et nous avons tous en nous le profond désir de contribuer au bonheur de tous. Ce challenge nous invite à célébrer nos talents et à les mettre au service des autres, dans notre vie de tous les jours, car quand nous donnons de notre personne, nous ne râlons pas. Nous sommes tous nés avec des qualités uniques, des domaines dans lesquels nous brillons, et ce que nous avons de mieux à faire, c'est de les partager…

Or, beaucoup d'entre nous n'ont même pas conscience de leurs talents, et donc ne les mettent pas à profit. Notre vie est une opportunité merveilleuse pour nous découvrir et partager un peu de nous-mêmes, pour reconnaître les talents et qualités qui nous ont été donnés et nous mettre dans des situations où nous les exploitons au mieux.

Évidemment, partager demande souvent de sortir de sa zone de confort. Cette zone où nous ne prenons pas de risques, où nous ne nous exposons pas vraiment, où nous ne cherchons pas à nous dépasser. Pour partager, contribuer, aider, nous devons prendre les devants et sortir un peu de nous-mêmes. Nous devons faire taire la petite voix en nous qui dit : « Pour qui tu te prends ? Tu n'es pas mieux que les autres, ce que tu veux faire ne changera pas grand-chose, tu n'es pas capable d'apporter quelque chose de différent, de meilleur. »

Et pourtant, quand nous focalisons notre attention sur la contribution que nous souhaitons apporter à la vie, nous perdons toute raison de râler. Car, tout à coup, la vie devient un terrain de jeu où nous épanouir. Chaque jour, nous avons la liberté de choisir comment nous voulons partager avec les autres. Nous sommes ainsi au service de la vie et non plus victimes de ses vicissitudes.

Pour cela, nous devons aller au-delà de notre plus grande peur : la peur d'échouer (ou peut-être plutôt la peur de réussir…). En effet, parfois nous disons : « Que vont penser les autres ? » Nous pouvons penser que c'est inquiétant de s'« élever », de crainte que les autres ne nous suivent pas et qu'ils nous jugent.

Voici un extrait du livre de Marianne Williamson, *Un retour à l'amour – Manuel de psychothérapie spirituelle : lâcher prise, pardonner, aimer,* qui m'a également durablement inspirée pendant mon challenge.

« Notre peur la plus profonde n'est pas que nous ne soyons pas à la hauteur.

Notre peur la plus profonde est que nous sommes puissants au-delà de toute limite.

C'est notre propre lumière – et non pas notre obscurité – qui nous effraie le plus.

Nous nous posons la question : "Qui suis-je, moi, pour être brillant, radieux, talentueux et merveilleux ?"

En fait, qui êtes-vous pour ne pas l'être ? [...]

Vous restreindre, vivre petit ne rend pas service au monde. L'illumination n'est pas de vous rétrécir pour éviter d'insécuriser les autres. [...]

Au fur et à mesure que nous laissons briller notre propre lumière, nous donnons inconsciemment aux autres la permission de faire de même.

Marianne Williamson[4]

Ce texte de Marianne Williamson a changé ma vie. Je crois profondément qu'elle a raison, même si certains peuvent trouver cela trop spirituel. Nous avons tous en nous, et de manière égale, tout ce qu'il faut pour être brillants, radieux, talentueux et merveilleux. Et la source de notre bonheur, et le meilleur moyen de ne plus râler, est de nous autoriser à l'être !

Il faut que nous arrêtions d'avoir peur d'aller de l'avant, peur d'être brillants et géniaux. Prenons conscience de notre génie et partageons-le. Donnons de nous-mêmes et donnons-nous l'autorisation de nous élever. Cessons de culpabiliser lorsque nous réussissons, sortons de cette croyance ancrée au plus profond de nous que « réussir, c'est

4. *Un retour à l'amour – Manuel de psychothérapie spirituelle : lâcher prise, pardonner, aimer*, J'ai lu, 2010.

prétentieux ». Donnons-nous la permission de puiser dans notre génie. C'est le meilleur moyen de redonner et de partager.

C'est d'ailleurs ce que j'expose dans mon ouvrage *Wake up! 4 principes fondamentaux* (Eyrolles, 2014) pour arrêter de vivre sa vie à moitié endormi. Je propose à mes lecteurs d'oser devenir celui ou celle qu'ils veulent vraiment être[5].

Dans mon activité professionnelle où je me donne à 200 %, où tous les jours je partage un peu plus de moi-même, de mes talents, et où je suis constamment en train de sortir de ma zone de confort, je suis parvenue à de belles réussites. Et tout au long de l'année, je me pose cette question : « Que puis-je faire pour emmener les autres avec moi dans mes réussites, pour partager encore plus, pour aider encore mieux ? »

Ainsi, depuis quelques années, j'ai choisi de reverser 10 % de mes revenus aux personnes ou organisations qui m'ont inspirée. Il m'arrive de donner à une association qui a fait une action qui m'a plu, ou bien à une personne qui m'a dit quelque chose qui m'a profondément touchée. Je peux envoyer un chèque à l'auteur d'un livre qui m'a inspirée. Je redonne aussi parfois de l'argent à mes clients qui m'apprennent tant chaque jour. Par exemple, le mois dernier, j'ai versé de l'argent pour la fondation Make a Wish, car une petite fille de l'école de mes enfants – malade, pleine de courage et d'une volonté extraordinaire – a vu son vœu réalisé par cette association. Elle nous a envoyé un message pour l'aider à lever des fonds pour cette association à but non lucratif et cela m'a touchée. Distribuer une partie de mes revenus est un moyen pour moi de célébrer ceux qui m'inspirent, de les mettre en avant dans ma vie et de nourrir mes sources d'inspiration avec mon précieux argent !

Eh oui, arrêter de râler passe aussi par donner, se donner, donner aux autres, redistribuer ce qu'on a reçu, en partageant nos talents et nos ressources.

5. Vous pouvez écouter gratuitement la conférence « Oser être brillant(e) : qu'est-ce que ça veut dire et pourquoi c'est important ? » en visitant la page www.christinelewicki.com/oser.

Rappel

Comme l'âne au fond du puits, ne râlez pas comme des victimes. Au contraire, prenez-vous en main et restez créatif.

Arrêtez de pointer du doigt les coupables et de rendre les autres responsables de vos problèmes. C'est la clé de votre bonheur !

Faites régulièrement le vide dans votre cocotte-minute. Occupez-vous de vos frustrations au plus vite avant que cela ne dégénère et que vous n'explosiez. Anticipez les crises en communiquant avec les autres avant que les problèmes ne soient trop envahissants.

Acceptez d'être imparfait et cherchez surtout à faire de votre mieux.

Accordez une place au plaisir dans votre quotidien. Ne vous laissez pas envahir par de longues listes de choses à faire. Chaque jour doit être vécu pleinement.

Donnez de vous-même, n'ayez pas peur de mettre franchement vos talents à contribution. Partagez ouvertement et largement ce que vous savez bien faire, vos compétences, vos passions et votre expertise. Ainsi, vous perdrez toute raison de râler !

Essayez, vous aussi, de redistribuer une partie de vos rentrées d'argent ; vous verrez, c'est magique comme cela rend la vie belle.

Ce que je sais suite à ma lecture et que je vais mettre en application au quotidien :

EXERCICES

Je mets toutes les chances de mon côté et je fais le plein de bonheur et de sérénité !

Les exercices qui suivent vont vous aider à vous approprier les grandes leçons que tous ceux qui ont déjà fait ce challenge ont reçues : se simplifier la vie, remettre ses priorités à leur juste place, se libérer du fardeau du passé, développer sa gratitude et sa compassion, lâcher prise, délaisser ses jugements, transformer les problèmes en opportunités, allumer son radar du bonheur, profiter de l'instant présent.

Allez, en route, c'est parti !

Mais avant de vous mettre au travail (!), voici un texte à méditer pour réussir vos exercices…

Je médite… La métaphore du vase et des gros cailloux

Un jour, un professeur chargé de former ses élèves à la gestion du temps décida de réaliser une expérience.

De sous la table qui le séparait de ses élèves, il sortit un grand vase qu'il posa délicatement en face de lui. Ensuite, il sortit plusieurs gros cailloux et les plaça délicatement, un par un, dans le grand vase. Lorsque le vase fut rempli jusqu'au bord et qu'il fut impossible d'y ajouter une pierre supplémentaire, il leva les yeux vers ses élèves et leur demanda : « Est-ce que ce vase est plein ? »

Tous répondirent : « Oui. »

Il attendit quelques secondes et ajouta : « Vraiment ? »

Alors, il se pencha de nouveau et sortit de sous la table un récipient rempli de graviers. Doucement, il versa des graviers sur les gros cailloux, puis secoua légèrement le vase. Les graviers s'infiltrèrent entre les cailloux... jusqu'au fond du vase. Le professeur leva à nouveau les yeux vers son auditoire et répéta sa question : « Est-ce que ce vase est plein ? »

Ses élèves commençaient à comprendre son manège.

L'un d'eux répondit : « Probablement pas !

– Bien !, répondit le professeur.

Il se pencha de nouveau et, cette fois, sortit de sous la table un sac de sable. Avec attention, il versa le sable dans le vase. Le sable alla remplir les espaces entre les gros cailloux et le gravier.

Encore une fois, il redemanda : « Est-ce que ce vase est plein ? »

Cette fois, sans hésiter et en chœur, les élèves attentifs répondirent : « Non !

– Bien !, répondit le professeur.

Et il prit le pichet d'eau qui était sur la table et remplit le pot jusqu'à ras bord. Le vieux professeur leva alors les yeux vers son groupe et demanda : « Quelle grande vérité nous démontre cette expérience ? »

Un élève audacieux, songeant au sujet de ce cours, répondit : « Cela démontre que même lorsque l'on croit que notre agenda est complètement rempli, si on le veut vraiment, on peut y ajouter plus de rendez-vous, plus de choses à faire.

– Non, répondit le professeur. Ce n'est pas cela. La grande vérité que nous démontre cette expérience est la suivante : si on ne met pas les gros cailloux en premier dans le pot, on ne pourra jamais les faire entrer tous, ensuite. »

Il y eut un profond silence, chacun prenant conscience de l'évidence de ses propos.

Le professeur leur demanda alors : « Quels sont les gros cailloux dans votre vie ? »

Exercice 12 : Je remplis ma vie de ce qui me rend vraiment heureux (heureuse)

La plupart du temps, nous râlons contre les petites frustrations de notre quotidien : les embouteillages, le désordre à la maison, le manque de temps... Nous gérons les urgences à longueur de journée et nos « priorités » ne sont pas toujours celles qui nous rendent véritablement heureux(ses). Arrêter de râler consiste à remettre ce qui est important pour vous au cœur de votre vie !

Étape 1

Prenez le temps de lister ce qui, dans votre vie, est essentiel pour être profondément heureux(se) et serein(e). Nous appellerons cela vos « gros cailloux » (voir la métaphore du vase et des gros cailloux, p. 140).

Listez six à huit gros cailloux. Pour vous aider, voici quelques exemples de domaines à considérer :

- vos rôles majeurs : mari/femme, père/mère, collègue, manager, chef d'équipe, ami(e), membre d'une association, etc. ;
- vos domaines de prédilection : carrière, famille, finance, spiritualité, volontariat, création artistique, sport, loisirs, etc.

Vous pouvez aussi mélanger ces domaines et créer les pôles qui représentent les priorités de votre vie. À vous de jouer !

Les gros cailloux de ma vie :

1. ....

....

2. ....

....

3. ....

....

4. ....

....

5. ....

....

6. ....

....

7. ....

....

8. ....

....

Étape 2

Réfléchissez maintenant à ce que vous pouvez mettre en œuvre dans la semaine à venir pour remettre vos gros cailloux au cœur de votre vie et avoir moins de raisons de râler.

Listez trois actions à faire dans la semaine à venir.

Exemple : emmener les enfants à la patinoire mercredi, bloquer deux heures jeudi matin pour écrire, prendre rendez-vous avec mon patron, écrire une lettre à mon père...

1. ....

....

2. ....

....

3. ....

....

Conseils

Rejoignez mon blog (jarretederaler.com) pour partager ce que vous allez mettre en œuvre dans les huit prochains jours. Revenez ensuite nous dire que c'est fait ! Se placer dans une situation où l'on doit rendre des comptes à quelqu'un (les lecteurs du blog, un ami...) est toujours un immense atout lorsqu'on veut vraiment changer quelque chose dans sa vie.

QUIZ

Quel auteur a dit : « Le bonheur est une disposition de l'esprit » ?

a) Daniel Servan-Schreiber

b) Louise de Vilmorin

c) Alexandre Soljenitsyne

Réponse : b)

Exercice 13 : Je visualise mes gros cailloux

Maintenant que vous avez identifié les gros cailloux de votre vie, il est temps de les faire apparaître… pour de vrai !

Étape 1

Prenez des crayons de cire (de type Crayola®) et dessinez sur une grande feuille de papier blanc avec toutes les couleurs de l'arc-en-ciel. Comment ça, vous ne savez pas quelles sont les couleurs de l'arc-en-ciel ? Demandez à un enfant, il vous aidera ! Réalisez le motif de votre choix, mais assurez-vous de couvrir la plus grande partie de la page avec toutes vos couleurs.

Étape 2

Prenez un crayon de cire noire et coloriez par-dessus votre dessin. Recouvrez toute la page de cire noire.

Étape 3

Avec vos ongles (ou un objet adéquat), grattez le noir pour former les mots qui représentent vos gros cailloux. Vous verrez, les mots apparaîtront avec les couleurs de l'arc-en-ciel !

Exercice 14 : Je laisse le passé là où il est

Notre passé, s'il nous construit au travers de nos souvenirs et de nos croyances, peut également se révéler un puissant ennemi lorsqu'il nous bloque dans nos actions présentes. En effet, nous avons tendance à ruminer les mauvais souvenirs et à être dans la répétition de nos échecs, tout simplement parce que nous accordons au passé une importance qu'il n'a pas. Nous le traînons comme un fardeau dans notre présent alors qu'il n'existe plus. Nous vous proposons cet exercice très efficace pour vous aider à vous libérer du passé[1].

Étape 1

Identifiez un événement marquant de votre passé qui vous fait râler et que vous ruminez depuis des semaines, des mois ou des années.

Exemple : « Je me suis fait licencier de manière injuste », « Mon (ma) conjoint(e) m'a quitté(e) », « Je n'ai pas apprécié les remarques que m'a faites cet ami ».

À vous !

....

....

1. Si vous avez été victime de traumatismes lourds, l'aide d'un thérapeute pourra être nécessaire pour prendre en charge ces souffrances liées au passé.

Étape 2

Décrivez précisément quand l'événement a eu lieu (en mai dernier, la semaine dernière, il y a trois ans...).

Étape 3

Prenez conscience de l'impact que cet événement passé a sur votre présent et comment vous vous retrouvez à revivre la blessure au quotidien. Pourtant, l'événement ou les faits ne se produisent plus dans le présent, ils appartiennent au passé (vous ne vous êtes pas fait licencier aujourd'hui, n'est-ce pas ?).

Décrivez sous quelle forme se manifeste aujourd'hui l'événement désagréable que vous avez vécu (souvenirs, cauchemars, croyances limitatives, petite voix médisante dans la tête, peur du travail, doute sur l'amour des autres).

J'ARRÊTE DE RÂLER ! L'INTÉGRALE

Étape 4

Considérez l'événement passé comme un fait qui a eu lieu à une date précise dans le passé et la blessure comme une histoire que vous avez créée autour de l'événement et dont vous pouvez vous libérer (puisque c'est vous qui l'avez créée). Et vous, quelle histoire avez-vous créée autour de ce qui vous est arrivé ?

Exemple : « Mon (ma) conjoint(e) m'a quitté(e) il y a deux ans. Je ne peux donc pas avoir confiance en l'amour et mieux vaut me protéger », « J'ai été abusé(e) dans mon enfance... cela veut dire que je ne suis pas capable de me protéger et que je suis faible », « J'ai été licencié(e) il y a six mois parce que je ne sais pas m'adapter et que l'entreprise est un environnement hostile ».

....

....

....

....

Étape 5

Déclarez que ce qui vous est arrivé appartient au passé et n'est qu'un fait parmi une multitude d'autres faits de la vie. Laissez tomber l'histoire (le sens que vous avez donné aux faits), car elle vous fait plus de mal que de bien. Elle vous limite, entame votre estime de soi et vous empêche de croire en vous et en la vie.

Pour ce faire, placez ce fait au milieu d'un autre fait de votre quotidien, même le plus banal.

Exemple : « Quand j'avais 32 ans, mon (ma) conjoint(e) m'a quitté(e) et aujourd'hui il pleut dehors », « Quand j'avais 8 ans, j'ai été abusé(e) physiquement et aujourd'hui je suis allé(e) au bureau à vélo », « En mars dernier, je me suis fait licencier et ce matin, je porte mon jean noir ».

À vous !

....

....

....

....

Étape 6

Maintenant que vous avez remis ce qui vous est arrivé à sa juste place (un fait dans le passé), il vous appartient de créer une nouvelle vision pour votre futur. Qu'est-ce qui devient possible maintenant que vous vous êtes libéré(e) de ce lourd bagage du passé ?

Exemple : « Je peux avoir confiance et recevoir pleinement l'amour que les autres veulent me donner », « Je peux aimer mon corps et en prendre soin », « Je peux trouver du plaisir au travail ».

Je peux :

....

....

....

....

Exercice 15 : Test : Comment vivez-vous l'instant présent ?

Ah, une petite sieste au soleil, en savourant le chant des oiseaux (ou le meuglement des vaches) et le rire lointain des enfants qui jouent... Plus facile à dire qu'à faire ! Car, trop souvent, nous passons notre présent à maugréer contre le passé et à anticiper le futur.

Cochez les affirmations suivantes.

1. Lorsque quelqu'un se décommande à la dernière minute, je ne sais pas vraiment quoi faire de mon temps libre.

- ✚ **Oui, plutôt.**
- ❍ **De temps en temps.**
- ❏ **Plutôt non.**

2. Je trouve que je n'ai pas assez de temps pour moi.

- ✚ **Oui, plutôt.**
- ❍ **De temps en temps.**
- ❏ **Plutôt non.**

3. Quand je fais des « folies » (grosses dépenses, soirées tardives non prévues), j'angoisse après coup.

- ✚ **Oui, plutôt.**
- ❍ **De temps en temps.**
- ❏ **Plutôt non.**

4. Je n'apprécie pas que des gens débarquent à l'improviste.

- ✚ **Oui, plutôt.**
- ❍ **De temps en temps.**
- ❏ **Plutôt non.**

5. Quand je me retrouve bloqué(e) un long moment contre mon gré (grève, train en panne…), je passe beaucoup de temps à ruminer.

✚ **Oui, plutôt.**

❍ **De temps en temps.**

❑ **Plutôt non.**

6. Il m'arrive de râler lorsque j'ai fait des excès (alimentaires, boisson, manque de sommeil…).

✚ **Oui, plutôt.**

❍ **De temps en temps.**

❑ **Plutôt non.**

7. J'ai du mal à couper mon portable en vacances.

✚ **Oui, plutôt.**

❍ **De temps en temps.**

❑ **Plutôt non.**

8. J'ai des difficultés de concentration.

✚ **Oui, plutôt.**

❍ **De temps en temps.**

❑ **Plutôt non.**

9. Je fais les choses par ordre d'urgence plutôt que par plaisir.

✚ **Oui, plutôt.**

❍ **De temps en temps.**

❑ **Plutôt non.**

10. Il arrive qu'un flot de pensées domine mon esprit.

✚ **Oui, plutôt.**

❍ **De temps en temps.**

❑ **Plutôt non.**

11. J'ai de fréquentes sautes d'humeur.

- ✚ **Oui, plutôt.**
- ❍ **De temps en temps.**
- ❑ **Plutôt non.**

12. Je me dis que la vie était plus facile du temps de mes parents (pour trouver un travail, acheter une maison…).

- ✚ **Oui, plutôt.**
- ❍ **De temps en temps.**
- ❑ **Plutôt non.**

Votre profil

Vous avez une majorité de ❍

Vous vous répétez souvent qu'il faut profiter des bonnes choses quand elles viennent à vous. Vous vivez l'instant présent naturellement, car vous savez que rien ne dure. Vous saisissez les opportunités quand elles se trouvent sur votre chemin. Vous êtes un(e) convive souvent joyeux(se), drôle, un(e) partenaire plein(e) de vie et de projets. Mais vous restez parfaitement conscient(e) que dans la vie, on ne fait pas toujours ce qu'on veut. Et cela vous agace prodigieusement ! Alors, à la façon des épicuriens, vous privilégiez le bonheur, le bien-être et le plaisir. Attention toutefois de ne pas céder trop facilement à des plaisirs éphémères. Car certes, le futur n'existe pas encore, mais une gueule de bois un lendemain de fête, ça se paye.

Vous avez une majorité de ✚

Quand bien même on vous mettrait dans une chaise longue, sous le soleil, un cocktail dans une main et un livre passionnant dans l'autre, vous cogiteriez sur votre entretien annuel du lendemain ou sur le fait que vous n'avez pas encore pris rendez-vous chez le dentiste. Il vous faut intégrer de façon plus fluide la notion de temporalité. Tentez l'expérience suivante. Imaginez que vous avez quelques kilos à perdre. Sans doute vous exprimez-vous ainsi : « Je mange trop », « Je n'arrive jamais à résister aux sucreries », « Je ne fais pas de sport ». Maintenant, changez votre manière de parler : « Ces derniers temps, j'ai trop mangé » (c'est passé, ça n'existe plus), « Je ne savais pas résister aux sucreries » (fini aussi !), « Je n'ai pas fait d'exercice depuis un moment » (donc vous commencez ce soir).

Vous avez une majorité de ❑

On peut dire qu'auprès de vous, la vie doit être bien agréable ! Quelles que soient les circonstances, vous parvenez à apprécier ce qui vous est donné sur le moment. Vous êtes bloqué(e) trois heures dans un train ? Vous pouvez enfin finir votre polar ! Vous êtes en soirée même si la journée du lendemain va être rude ? Vous savez que vous ne rentrerez pas trop tard et profiterez d'un moment court certes, mais agréable. Vivre l'instant présent est un automatisme chez vous. Philosophe, vous savez que tout peut s'arrêter du jour au lendemain et qu'il est inutile de se torturer l'esprit avec des angoisses liées au futur. Malgré tout, votre appétit de vivre prend parfois des allures de fuite. Nous vous conseillons de mettre au jour vos motivations profondes pour profiter pleinement de votre capacité à être heureux(se).

Exercice 16 : Mini-challenge : oser l'appréciation

Prenez le temps, et surtout ayez le courage, d'écrire une lettre à quelqu'un qui vous est proche. Dans ce courrier, écrivez tout ce que vous appréciez chez cette personne, toutes ces choses que vous avez considérées comme acquises dans le passé et que vous souhaitez maintenant reconnaître et célébrer. Vous pouvez ensuite soit envoyer la lettre, soit la lire à voix haute à la personne intéressée avant de la lui remettre.

Exercice 17 : Je lâche prise avec la méthode Sedona®

Installez-vous confortablement et assurez-vous de ne pas être dérangé(e) ou distrait(e). Prenez deux ou trois grandes inspirations et centrez-vous sur vous-même. Vous pouvez fermer les yeux si vous préférez.

Cet exercice est inspiré de la méthode Sedona®[2].

Étape 1

Concentrez votre attention sur un problème que vous souhaitez résoudre.

Accueillez vos émotions, quelles qu'elles soient (colère, rage, déception, tristesse...). Il n'est pas nécessaire que ce soit des émotions fortes. Que vous ne ressentiez rien, que vous vous sentiez vide, les jambes coupées, sans voix ou dans un état de profond désarroi, vous pouvez lâcher prise de toutes ces émotions, qu'elles soient facilement identifiables ou non.

Restez dans le moment présent et prenez conscience de ce que vous ressentez quand vous pensez à votre problème. Ce processus est volontairement très simple, mais ce n'est que dans le moment présent que vous pourrez trouver un moyen de vous sentir mieux.

....

....

....

Étape 2

Posez-vous cette question : « Puis-je laisser aller cette émotion ? » Il s'agit tout simplement de voir ici si vous êtes prêt(e) à lâcher prise et à

2. Hale Dwoskin, *La Méthode Sedona : l'art du lâcher-prise*, Éditions du Gondor, 2010. (Pour en savoir plus : www.sedona.com)

vivre sans cette émotion. Vous pouvez répondre « oui » ou « non ». Les deux réponses sont acceptables et, bien souvent, vous allez lâcher prise même si vous répondez « non ». Toutes les questions posées dans ce processus sont simples. Elles ne sont pas importantes en elles-mêmes, mais ont été conçues pour vous aider à prendre conscience que vous pouvez arrêter de porter le poids du passé et simplement lâcher prise.

....

....

....

Étape 3

Posez-vous les questions suivantes : « Vais-je lâcher prise ? Est-ce que j'ai envie de lâcher prise ? » Encore une fois, ne commencez pas à débattre. Rappelez-vous que vous prenez la décision pour vous-même, dans le but d'être libéré(e) de la souffrance causée par ce problème. Si la souffrance est trop grande ou qu'elle existe depuis trop longtemps, il faudra peut-être lâcher prise en plusieurs petites étapes et vous faire éventuellement accompagner par un thérapeute.

Si la réponse est « non » ou si vous n'êtes pas sûr(e) de vous, demandez-vous simplement : « est-ce que je préfère me sentir comme ça ou est-ce que je préférerais me sentir libre ? »

....

....

....

Étape 4

Posez-vous cette question très simple : « Quand voudrais-je lâcher prise ? » C'est une invitation à lâcher prise maintenant. Peut-être serez-vous surpris(e) de vous sentir lâcher prise. Rappelez-vous qu'il s'agit d'une décision, de votre décision, et que vous pouvez le faire à chaque instant.

....

....

....

Étape 5

Répétez le processus plusieurs fois jusqu'à ce que vous vous sentiez libre. C'est un exercice qui demande de la pratique, et les changements et résultats peuvent sembler subtils au début. Mais si vous persévérez, ils seront de plus en plus évidents. Vous allez probablement découvrir que vous lâchez un peu plus prise à chaque fois que vous vous posez ces questions. Vous vous rendrez compte que certaines émotions, certains sujets se présenteront à vous en plusieurs étapes. Mais rappelez-vous que ce que vous avez « relâché » est parti pour de bon et que vous en êtes libéré(e).

....

....

....

Exercice 18 : Je brûle mon fardeau

Les exercices précédents vous ont invité à faire le constat suivant : nos râleries émanent souvent d'un fardeau de jugements, de croyances, de déceptions liés à des événements du passé, et que nous portons dans notre présent comme notre croix. Il est temps de vous débarrasser de votre fardeau.

Prenez une boîte à chaussures et plusieurs petits bouts de papier. Sur chaque bout de papier, écrivez l'un de vos fardeaux : « quand ma mère m'a dit... », « quand j'ai perdu mon emploi... », « quand untel m'a fait du mal... », etc.

Lorsque la boîte est remplie de tous vos fardeaux, allumez un feu dans votre cheminée et faites brûler tous vos petits papiers un à un. Regardez-les brûler en prenant conscience que vous êtes en train de vous libérer de votre fardeau et que vous n'avez donc plus besoin de le porter. Si vous n'avez pas de cheminée, n'allez surtout pas provoquer un incendie chez vous. Conservez votre boîte jusqu'au moment où vous pourrez trouver un endroit où brûler vos fardeaux (le barbecue de votre jardin, des vacances au ski, la cheminée de vos grands-parents...).

Exercice 19 : Je tourne mes râleries en dérision

Si « l'humour est la politesse du désespoir », comme disait Boris Vian, il est surtout une arme merveilleuse contre la morosité, le pessimisme... et les râleries !

Apprenez à rire de vos petites manies en retrouvant votre âme d'enfant.

Munissez-vous d'un papier épais et de crayons ou feutres de couleur. Dessinez une couronne (si vous avez perdu cette faculté, faites-vous aider par un enfant de votre entourage !).

Vous pouvez vous aider du modèle suivant.

Cette couronne est votre couronne de reine ou roi des râleurs. Ajustez-la à votre tête, découpez-la, coloriez-la avec de belles couleurs royales. Si vous avez vraiment envie d'entrer dans le personnage, prenez un long bâton (une canne de randonnée, un parapluie...) et fabriquez-vous un sceptre. Lorsque vous vous sentez d'humeur à râler, mettez votre couronne et munissez-vous de votre sceptre. Puis, la tête haute, marchez dans votre maison en clamant vos râleries. Invitez les membres de votre entourage à essayer le costume. Rangez-le dans un endroit accessible à tous. Amusez-vous bien !

Exercice 20 : Mini-challenge : oser s'assumer pleinement

Appelez un de vos proches avec lequel vous avez été en désaccord ou avec lequel une distance s'est établie. Prenez sur vous l'entière responsabilité de ce qui s'est passé. Utilisez des phrases comme : « Je suis désolé(e) », « J'ai agi comme une personne égoïste », « Je sais que je t'ai fait de la peine », « J'ai envie de vivre notre relation autrement ».

Comment vous sentez-vous après lui avoir parlé ?

....

....

....

....

QUIZ

Quel auteur a dit : « Votre corps est la harpe de votre âme. Et c'est à vous d'en tirer des sons confus ou de la douce musique » ?

a) Khalil Gibran

b) Confucius

c) Herbert von Karajan

Réponse : a)

Exercice 21 : Je transforme un problème en opportunité

Nous sommes tous constamment confrontés à des contretemps, à des problèmes, des obstacles, des mauvaises nouvelles, des soucis, etc. Tout cela nous affecte, nous ralentit, nous énerve et nous fait râler. Cet exercice vous permettra de prendre conscience que, dans la vie, « tout est parfait » et que chaque problème que vous rencontrez peut être envisagé de façon positive, pour être transformé en opportunité.

Étape 1

Considérez un événement précis et marquant qui vous fait vraiment râler. Cet événement a pu avoir lieu il y a cinq ans ou aujourd'hui, cela n'a pas d'importance. Lâchez-vous : expliquez ce qui s'est passé et écrivez tout ce que vous ruminez concernant cet événement. Détaillez ce qui vous a énervé, choqué et posé problème. Positionnez-vous en victime face à ce drame, comme tout être humain sait si bien le faire (vous pouvez porter votre couronne de roi ou de reine des râleurs de l'exercice 19). Utilisez des mots de dramatisation comme « toujours », « jamais », « impossible »...

Exemple : « Je me suis fait licencier comme un(e) bon(ne) à rien. Je bossais comme un(e) forcené(e) dans la même boîte depuis cinq ans. Ma patronne était littéralement folle et quoi que je fasse je ne pouvais jamais la satisfaire. Un jour je suis arrivé(e) au bureau et comme cela, venant de nulle part, j'ai appris que j'allais être licencié(e). De toute façon, les patrons ce sont tous des égoïstes. Tout ce qui compte, c'est le profit de leur boîte et, au final, ils n'en ont rien à faire des personnes qui travaillent pour eux. C'est partout pareil. »

À vous ! On ne vous donne pas tous les jours la possibilité de jouer dans une tragédie grecque !

....

....

....

....

....

....

....

....

....

....

....

Étape 2

Maintenant, réécrivez la même situation, mais en vous limitant cette fois aux seuls faits concrets, sans aucun jugement sur la situation. Bref, contentez-vous d'être objectif(ve).

Exemple : « En 2007, alors que je travaillais dans une entreprise depuis cinq ans, je me suis fait licencier par ma patronne. »

À vous !

....

....

....

....

....

....

....

....

....

....

....

Au terme de cette étape, vous constatez déjà que votre regard sur la situation n'est absolument plus le même lorsque vous vous concentrez sur les faits de manière objective. Vous vous détachez de la grande « histoire » et vous pouvez considérer les faits pour les faits. Déjà, votre problème prend moins d'ampleur.

Étape 3

Maintenant, regardez à nouveau ce qui vous est arrivé et cherchez deux choses plutôt positives dans votre « drame ». Deux opportunités qui peuvent naître de cette situation. Si ce sujet vous affecte à ce point, ce n'est pas pour rien. Il vous parle à vous, alors que d'autres personnes ne seraient sans doute pas touchées de la même manière par une situation similaire. La raison en est simple : derrière ce qui vous arrive se cache une opportunité, quelque chose en vous qui demande à être révélé. J'irais même jusqu'à dire que plus votre drame est grand, plus l'opportunité est grande.

Exemple : « Ce problème m'a permis de prendre conscience que j'ai besoin d'être managé(e) et d'être dans un environnement de travail où je me sens encouragé(e). »

Première opportunité :

....

....

....

....

....

Seconde opportunité :

....

....

....

....

....

QUIZ

Combien de fois râle-t-on en moyenne par jour ?

a) 1 à 15 fois

b) 15 à 30 fois

c) 30 à 45 fois

Réponse : b) Vous rendez-vous compte de tout ce temps précieux gaspillé à pester dans les transports, contre un collègue, contre la pluie, ou contre le fait que votre petit dernier vous a réveillé trois fois cette nuit à la veille d'un rendez-vous important ? En râlant, nous croyons punir les autres mais en fait, nous nous punissons nous-mêmes. Nous nous créons un beau nuage noir que nous traînons avec nous toute la journée et qui ne fait en rien avancer les choses. Beaucoup d'exercices de ce livre vous aideront à vous libérer de ces râleries et vous les remplacerez petit à petit par des célébrations. Vous verrez à quel point cela change la vie !

Exercice 22 : Mini-challenge : oser se faire rejeter !

Régulièrement dans notre vie, nous n'osons pas demander ce dont nous avons besoin. Nous avons peur de déranger, d'être rejetés ou jugés… Alors, nous restons frustrés et nous ruminons. Pourtant, comme le dit si bien le dicton populaire : « Qui ne demande rien n'a rien ! » Ce mini-challenge est basé sur le jeu « Rejection Therapy » de Jason Comely, dont la seule et unique règle est de vous faire rejeter une fois par jour. En effet, Comely a pris conscience que notre société avait diabolisé le rejet et que la peur du rejet nous empêchait d'avoir les relations et les réussites que nous désirions. Le rejet n'est pas synonyme d'échec. C'est la preuve que nous avons eu le courage de demander et que nous avons osé dépasser nos peurs pour essayer d'avoir ce que nous voulions.

Le jeu officiel consiste en un challenge de 30 jours, mais dans notre grande mansuétude, nous vous proposons de le faire sur cinq jours. Pendant cinq jours, vous devez vous faire rejeter par au moins une personne tous les jours. Attention, il ne s'agit pas d'« essayer » de vous faire rejeter ! Pour réussir ce mini-challenge, vous devez vraiment vous faire rejeter. Mais quel est le but ? vous demandez-vous, le sourcil froncé. L'objectif de ce mini-challenge est triple :

- Vous aider à prendre conscience que si vous faites une demande et que l'autre vous dit non, ce n'est pas la fin du monde. C'est juste un fait.
- Vous mettre dans des situations où vous pensez vous faire rejeter mais où, à votre grande surprise, votre demande est acceptée (qui ne demande rien n'a rien !). Mais attention, si ce genre de situation arrive, vous devrez continuer à faire des demandes le même jour jusqu'à vous faire rejeter ! Trop facile, sinon !
- Vous libérer et vous donner la permission d'oser demander ce que vous voulez.

Exemple :

- *demandez à votre conjoint(e) de vous apporter le café au lit ;*
- *demandez à votre employeur si vous pouvez postuler pour un poste à l'étranger ;*
- *demandez à vos amis s'ils peuvent garder vos enfants pour un week-end ;*
- *demandez à votre voisin de garder votre chat ;*
- *demandez à quelqu'un dans la rue de vous donner 2 euros ;*
- *demandez à votre coiffeur s'il veut bien faire un échange de services entre une jolie coupe et vos talents de webdesigner.*

Exercice 23 : Je nourris mon bon loup

Comme nous l'avons souvent répété, il ne nous est pas toujours possible d'avoir prise sur les événements extérieurs. En revanche, nous avons l'entière liberté de choisir notre comportement ou notre attitude face à ce qui nous arrive.

Nous pouvons choisir de nourrir la haine autant que la gratitude, la rancœur autant que la célébration, les rumeurs autant que la bienveillance…

Étape 1

Nous vous invitons à relire et à méditer la parabole des deux loups p. 90.

Étape 2

Voici deux loups qui se font face. Celui de gauche est votre mauvais loup, celui de droite, le bon.

Mon mauvais loup   Mon bon loup

Dans chacun des loups, écrivez de quoi est constitué votre mauvais loup (ressentiment envers Paul, potins sur Anne, jalousie à l'égard de Sophie...) et de quoi est fait votre bon loup (pardonner à Julie, éclaircir le malentendu avec Martin, prendre soin de maman...).

Essayez de nourrir votre bon loup et de rendre l'autre famélique. N'hésitez pas à refaire cet exercice au fil du challenge.

Exercice 24 : Je trouve le calme dans l'œil de la tornade

« Toute tornade comporte en son centre un œil que les goélands peuvent traverser en silence. » Ce poème japonais anonyme du XIVe siècle nous rappelle avec une infinie sagesse que si, dans notre vie, les vents peuvent être extrêmement violents, au cœur de la tornade se trouve une colonne de calme immense.

Repensez à une situation de « drame » que vous êtes en train de vivre ou que vous avez vécue. Vous aussi, essayez de trouver refuge dans l'œil de la tornade. Prenez quelques grandes inspirations et accédez à cet espace où vous avez la permission d'être impassible, cet espace dans lequel vous pouvez être immobile, calme, serein(e) et en pleine conscience. Cet œil est votre ressource intérieure la plus précieuse. Certes, vous ne pouvez pas toujours choisir ce qui vous arrive, mais vous pouvez toujours choisir d'aller trouver la paix.

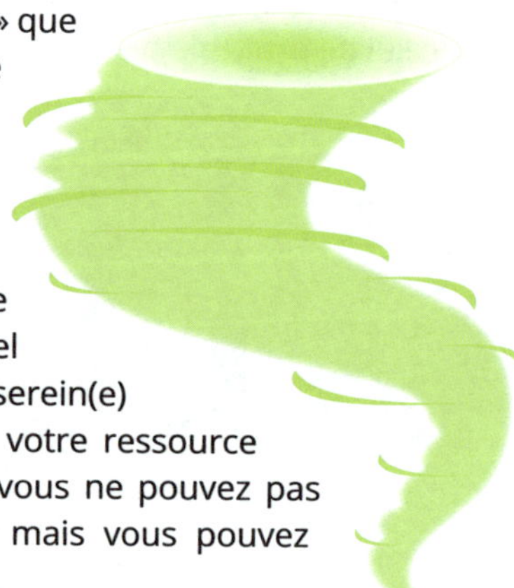

Exercice 25 : J'allume mon radar du bonheur

Lorsque nous râlons, nous allumons notre radar du malheur et nous laissons le « spam » de notre société envahir notre vie et nous détourner de sa beauté. Notre cerveau est inconsciemment conditionné pour capter les mauvaises nouvelles, les souffrances, les problèmes. Et si vous mettiez enfin en marche votre radar de la bonté et du bien-être ?

Étape 1

Listez ce sur quoi se fixe votre radar lorsque vous râlez (la crise économique, le manque de respect, les retards des transports en commun, les files d'attente…).

....

....

....

....

....

....

....

....

Étape 2

Si vous arrêtez de râler, vers quoi souhaiteriez-vous tourner votre radar ? La gratitude d'avoir un emploi ? Les fous rires avec vos amis ? Votre vie de famille stable ? L'amour de vos enfants ou de votre conjoint(e) ? La beauté qui vous entoure ?

....

....

....

....

....

....

....

....

Étape 3

La prochaine fois qu'une râlerie monte en vous, repensez à la liste de l'étape 2. Au bout de quelque temps, vous constaterez avec surprise que votre cerveau s'est reconditionné et que votre radar du bonheur et de la gratitude fonctionne à plein régime !

Exercice 26 : Mini-challenge : oser s'accorder un moment de pur plaisir

Pendant deux jours de cette semaine (en dehors de vos activités professionnelles, sociales et familiales), consacrez 30 minutes rien qu'à vous, seul(e) et osez créer un moment de pur plaisir. Vous pouvez aller marcher dans un parc, profiter de la pause de midi pour vous asseoir sur un banc, mettre de la musique et danser dans votre salon, prendre un long bain ou prendre un café seul(e) en terrasse un samedi matin. Laissez vos pensées divaguer, rêvez, flânez, au sens propre comme au sens figuré…

Ressentez le délice de ce moment précieux, savourez ! Une fois de retour dans votre quotidien, posez-vous les questions suivantes :

- Ai-je atteint cet objectif ?

....

....

....

....

....

....

....

- Si la réponse est positive, bravo ! Sinon, qu'est-ce qui m'a empêché(e) d'atteindre mon objectif ?

....

....

....

....

....

....

....

QUIZ

Quel auteur a dit : « La grande leçon est que le sacré naît de l'ordinaire. Il se trouve dans la vie quotidienne de chacun, dans nos voisins, nos amis, dans notre propre jardin » ?

a) Abraham Maslow

b) Montesquieu

c) Honoré de Balzac

Réponse : a)

Exercice 27 : J'entre dans un espace non râleur

Photocopiez l'affiche de la page suivante et affichez-la chez vous ou au bureau (visitez le blog www.jarretederaler.com pour télécharger gratuitement le KIT J'arrête de râler et recevoir l'affiche en plus grand format).

VOUS ENTREZ DANS UN ESPACE «NON RÂLEUR»

(Réglementé par la loi en faveur de la propagation du bonheur)

J'ARRÊTE DE RÂLER

Nous ne sommes pas responsables des moments de sérénité qui pourraient être générés suite à votre présence dans cet espace.

TROISIÈME PARTIE

21 jours pour passer de râler à célébrer

CHAPITRE 6

Le challenge, comment ça marche ?

Alors que je réfléchissais à l'impact des râleries sur ma vie, j'ai réalisé qu'en vérité râler ne fait pas avancer les choses. Quand je râle, ma situation et celle de mon entourage ne font qu'empirer et, soyons honnête, je ne fais rien de constructif pour améliorer les choses, je me contente de bougonner, de crier, de ruminer…

En plus, quand je râle, je focalise mon attention sur tout ce qui cloche dans ma vie, ce qui m'empêche d'apprécier pleinement ce qui marche bien. Quel gâchis !

Peut-être que râler me soulage ? Quoique, finalement, je ne suis pas certaine que cela me soulage efficacement.

Peut-être que râler me permet d'obtenir ce que je veux à court terme ? Mais, dans le fond, cela ne contribue pas à mon bonheur en général et, bien souvent, cela me pollue.

J'ai donc fait le choix d'employer les grands moyens pour me débarrasser de cette habitude qui me collait à la peau et « infectait » mon quotidien. D'où l'idée de me lancer le challenge d'arrêter de râler pendant 21 jours consécutifs. Je me suis demandé dans quelle mesure cela changerait ma vie et ce qui allait m'arriver si je parvenais à éradiquer mes râleries de mon quotidien avec mes trois enfants, dans mon travail, avec mes clients, dans mon couple, quand je fais les tâches ménagères, les courses, les plannings… dans ma vie tout entière finalement !

Ce challenge a commencé comme un jeu, ou plutôt comme une expérience. J'ai voulu le faire pour moi, car je suis de nature curieuse, et je me suis demandé ce qui pourrait arriver si pendant 21 jours je pouvais m'engager pleinement et consciemment à changer mon habitude de râler. L'idée est de faire un grand « nettoyage de printemps », comme j'aime à le dire, et de supprimer intégralement toute forme de râlerie pendant 21 jours consécutifs.

C'est un challenge difficile que je me suis lancé, c'est vrai (et beaucoup de visiteurs venaient voir mon blog au début, persuadés que je n'y arriverais jamais), mais une chose est certaine : tenter ce challenge était le meilleur moyen d'enfin vivre ma vie et de commencer à vraiment l'apprécier dans sa simplicité, avec ses frustrations et ses contraintes et surtout de profiter pleinement de chaque jour.

J'ai eu envie de faire le challenge et j'ai utilisé mon blog, puis ce livre, pour nourrir mon expérience.

→ Exercice 28 : Je tiens mon journal de bord (p. 218)

Le principe

Le principe est simple. J'ai commencé par mettre à mon poignet un bracelet pour me rappeler mon engagement dans ce challenge.

J'ai ensuite vécu ma première journée normalement, et tous les jours suivants. Mais à chaque fois que je me surprenais à râler, je changeais mon bracelet de poignet et remettais les compteurs à zéro (eh oui !). Je tiens à vous rassurer : les premiers jours, mon bracelet a valsé entre mes deux poignets. Quel choc de constater à quel point je râlais ! J'ai cependant choisi de ne pas me juger, mais tout simplement de changer mon bracelet de côté, mécaniquement.

→ Exercice 29 : Je mets mon bracelet (p. 220)

Pourquoi 21 jours pour me sevrer d'une habitude ?

Soyons clairs, râler est une habitude. J'ai pu observer que nous râlons tous sans même nous en rendre compte, et pourtant, comme nous l'avons vu, cela n'est pas sans conséquence sur notre vie, et c'est là que réside le problème. Les habitudes sont très ancrées en nous, au point de devenir inconscientes. Le réflexe d'allumer une cigarette dès que vous montez dans votre voiture en sortant du bureau ou celui d'allumer votre téléphone portable dès que vous arrivez dans l'ascenseur sont des gestes qui font partie de votre quotidien et vous les faites sans y prêter attention.

Il y a plus de dix ans, j'ai pris la grande décision d'arrêter de fumer. J'ai pris conscience que fumer impactait ma santé et je ne voulais pas vivre avec cette dépendance stérile. Un jour, je me suis lancée et j'ai jeté mon paquet de cigarettes. J'ai été alors très surprise de découvrir que c'est le réflexe d'allumer et de fumer une cigarette qui a été le plus dur à combattre, bien plus dur que le manque de nicotine. Le geste me manquait. Le fait d'avoir une cigarette entre les doigts, d'être occupée par l'acte de fumer. Je sentais mes mains vides au bureau ou dans les soirées. J'ai d'ailleurs pendant des années fait le même cauchemar presque toutes les nuits : j'allumais une cigarette par réflexe (et non par manque de nicotine), car j'avais oublié que j'avais arrêté de fumer.

→ Exercice 30 : Je me reconnecte avec ma force de vie (p. 221)

Cette histoire montre bien à quel point nos habitudes sont profondément ancrées dans notre inconscient et que s'en débarrasser demande un effort dans la durée. Il en est de même avec le réflexe de râler. Changer une habitude et en créer une nouvelle n'est pas si simple. Au début, on a l'impression de devoir faire des efforts titanesques.

> L'habitude est une étrangère
> Qui supplante en nous la raison :
> C'est une ancienne ménagère
> Qui s'installe dans la maison. [...]
> Mais imprudent qui s'abandonne
> À son joug une fois porté !
> Cette vieille au pas monotone
> Endort la jeune liberté [...]

Stances et poèmes,
René-François Sully Prudhomme (1865)

Il faudrait entre 21 et 28 jours pour se débarrasser d'une habitude et la remplacer par une autre. Entre 21 et 28 jours pour former une nouvelle habitude, un nouveau comportement qui devient un automatisme. 21 jours, 28 jours... ce n'est pas très important. Ce qui est important, c'est de s'inscrire dans la durée pour engendrer un vrai changement. Tenir assez longtemps (au moins trois semaines consécutives) pour passer de « se forcer à ne pas râler » à « créer une seconde nature », c'est aller vers un changement qui dure.

En effet, arrêter de râler pendant une journée, c'est bien, cela vous fera une pause, mais vous verrez que très vite, vous allez retomber, sans même vous en rendre compte, dans vos habitudes, vos réflexes. Et au bout du compte, vous en serez au même point qu'au départ. D'ailleurs, beaucoup des personnes qui ont tenté le challenge se sont senties coincées et parfois découragées par cette habitude qui prenait constamment le dessus. Au début, tenir 21 jours consécutifs semble vraiment impossible.

21 jours, c'est long, et c'est pourquoi j'ai rechuté à plusieurs reprises. Il m'a fallu finalement plus de deux mois pour réussir le challenge. Si, vous aussi, vous voulez vous lancer, ne vous jugez pas et soyez patient. Tenir le coup sur la durée est la garantie que vous ne faites pas cet effort pour rien. C'est la garantie que votre vie va être profondément transformée.

Que ce soit bien clair entre nous, ce livre n'est pas un livre qui vous dit de voir la vie en rose du jour au lendemain. Ce serait irréaliste de croire que c'est possible. De la même manière, vous ne pouvez pas courir un marathon ou perdre 10 kg du jour au lendemain. Et pourtant, ce n'est pas parce que vous ne pouvez pas le faire du jour au lendemain que vous allez baisser les bras, n'est-ce pas ? Quel que soit le challenge, vous devez poser les actes nécessaires pour réussir, comme courir tous les matins ou arrêter de manger de la pâte à tartiner au chocolat au petit-déjeuner.

En faisant le challenge de ne pas râler pendant 21 jours consécutifs, vous allez créer de nouvelles habitudes, de nouveaux réflexes et, selon les scientifiques, vous allez même créer de nouvelles connexions dans votre cerveau. En effet, nos habitudes ont créé des connexions neurologiques. Quand nous pensons ou agissons d'une certaine manière à longueur de journée, la connexion neurologique qui lui est attachée devient plus forte et plus marquée. En résumé, les gros râleurs ont donc des connexions de pensées négatives plus fortes que les petits râleurs. C'est pour cela qu'il est impossible d'arrêter complètement de râler du jour au lendemain. Souvenez-vous bien de cela quand vous serez déçu de devoir recommencer à zéro. Il faut petit à petit modifier les connexions de votre cerveau. Le seul moyen d'y parvenir est d'agir dans la durée, dans la répétition. Quand vous pensez, ressentez et agissez différemment, pas à pas votre cerveau se « reprogramme ». C'est la preuve que vous n'êtes pas condamné à râler toute votre vie !

Conseils

Quand vous vous surprenez à râler, pensez à la connexion concernée dans votre cerveau, et faites le choix de ne pas l'activer.

Apprendre à vivre sans râler

Le Dr Richard Davidson, de l'université du Wisconsin, dit : « En nous basant sur ce que nous savons de la plasticité du cerveau, nous pouvons affirmer que des choses comme le bonheur ou la compassion sont des compétences qui ne sont pas plus difficiles à apprendre qu'un instrument de musique ou à jouer au tennis… » Il est donc possible de former notre cerveau à ne plus râler, à célébrer et à remercier ce qui fonctionne dans notre vie et à être plus heureux. Pour cela, il faut changer petit à petit nos habitudes.

Pour parvenir à atteindre mon objectif, j'ai dû pendant deux mois apprendre à prendre soin de moi. Et pendant ces deux mois, j'ai dû prendre soin de moi (et ce n'était pas désagréable du tout, ma foi), déceler ce qui me faisait râler et trouver un moyen d'apporter un réel changement dans ma vie.

Encore une fois, ce challenge n'a rien à voir avec se forcer à voir la vie en rose pour quelques heures et exploser par la suite, parce que nous avons nié des choses importantes pour notre équilibre et notre bonheur.

« J'ai tenu quatre jours consécutifs sans râler, puis je me suis éloignée du sujet, car j'ai cru que je n'avais pas besoin de m'imposer 21 jours consécutifs, qu'il suffisait simplement d'être tous les jours attentive. Eh bien, je me suis royalement plantée ! J'ai pris conscience que je râlais bien plus que je ne le pensais. Effectivement, je me sens "polluée" par ma propre négativité, et maintenant, je dis stop à mon côté pessimiste, je me lance de nouveau dans l'aventure avec cette fois la réelle volonté de réussir. D'ailleurs, je me suis acheté un nouveau bracelet, car l'autre que j'avais est cassé (l'élastique s'est rompu). »

Émilie

→ Exercice 31 : Je remets en question mes jugements avec Byron Katie (p. 222)

Pourquoi porter un bracelet ?

Si vous souhaitez vous aussi tenter le challenge, je voudrais insister sur l'importance de porter un bracelet (élastique, c'est plus pratique !). Le fait de changer le bracelet de côté à chaque fois que vous râlez va profondément aider à la création de nouvelles connexions dans votre cerveau. Cela va vous permettre d'ancrer de nouvelles habitudes. Le bracelet est un excellent outil pour nous rappeler le challenge et nous rendre plus conscients de notre avancée sur le chemin d'une vie plus sereine, sans râler.

> « J'ai connu votre blog *via Psychologies magazine* et je me suis dit : "Tiens, pourquoi pas, si cette mère de trois enfants qui travaille essaye de ne plus râler, c'est que cela doit être possible." J'ai mis les mains dans le cambouis il y a une dizaine de jours, j'ai commencé sans bracelet, mais c'est vrai que c'est bien moins efficace, car bizarrement on a tendance à oublier nos "bonnes résolutions" prises dans le feu de la journée. »
>
> **Christine**

Voici les règles que j'ai suivies :

- j'ai pris un bracelet élastique qui traînait chez moi (vous pouvez aussi utiliser un élastique à cheveux tout simplement) et je l'ai mis à mon poignet ;
- à chaque fois que je me suis surprise en train de râler, j'ai changé le bracelet de poignet (gauche, droite, gauche, droite…) et j'ai aussi remis les compteurs à zéro.

Il vous faudra peut-être plusieurs mois pour atteindre votre but, mais vous découvrirez que votre vie sera alors remplie de joie et d'amour. Vous allez commencer à apprécier chaque instant de votre vie. Votre quotidien va avoir plus de saveur. Ce challenge vraiment pas compliqué peut avoir beaucoup d'impact sur votre vie. C'est incroyable comme le simple fait de refuser de râler peut transformer notre quotidien et celui de notre entourage.

Il est très important de faire passer votre bracelet d'un poignet à l'autre. Cela va vous aider à prendre conscience de votre démarche (car vous verrez que vous aurez tendance à oublier vos belles intentions) et le mouvement de gauche à droite va ancrer cet apprentissage dans votre cerveau (voir les recherches en neurosciences sur l'impact de ce mouvement croisé pour connecter les deux parties du cerveau).

Conseils

Quand vous vous surprenez à râler, changez le bracelet de côté, prenez une grande inspiration et dites-vous : « Chaque minute, chaque heure sans râler est un cadeau que je me fais. Je veux vivre ma vie pleinement. »

Comment reconnaître que je suis en train de râler ?

C'est la grande question que les lecteurs de mon blog m'ont posée dès le début de mon challenge. Si nous regardons dans le dictionnaire, la définition de râler est : « Produire des râles d'agonie, grogner, produire un bruit de respiration rauque. Protester de façon hargneuse. »

Et les synonymes de râler sont : « agoniser, bisquer, bouder, bougonner, chialer, chiner, enrager, être en colère, fumer, grogner, gronder, maronner, maugréer, murmurer, pester, protester, rager, réclamer, renauder, rogner, rognonner, ronchonner, rouscailler, rouspéter, se fâcher, se plaindre, se récrier. »

Mais parfois, dans le vif de l'instant, ce n'est pas simple de faire la différence entre « râler » et « poser une limite » pour qu'on arrête de nous marcher sur les pieds ! C'est pour cela que j'ai ressenti le besoin d'affiner la question et que j'ai finalement abouti aux trois critères suivants pour reconnaître une râlerie :

- Le premier critère, c'est le ton. C'est le plus évident, c'est le premier critère auquel tout le monde se réfère. Suis-je en train de ruminer ? Suis-je en train de bisquer ? Suis-je en train de crier ? Suis-je en train de m'exprimer avec un ton amer ou « vinaigré » ?
- Le deuxième critère, c'est mon positionnement. Est-ce que je suis en train de m'exprimer en pointant du doigt les coupables ? Je me suis rendu compte que j'adorais trouver des coupables dans ma vie. En fait, ça me donnait un peu de consistance d'avoir des coupables. C'était de la faute de mes enfants si je ne pouvais pas lire à la plage. C'était de la faute du chauffard sur l'autoroute si... C'était de la faute de « je ne sais pas qui » si j'étais en retard. Donc, pour savoir si j'étais en train de râler, je me suis aussi appuyée sur le critère de mon positionnement. Est-ce que, moi, je suis en train de me mettre dans le fauteuil de la victime ?

  Je me suis rendu compte que souvent c'était plus facile pour moi d'être victime car quelque part je me disais « ce n'est pas de ma faute, c'est à eux de changer ». Si moi, je suis la victime, alors « je n'y peux rien » et donc je n'ai pas besoin de me remettre en question face à la situation.

Le problème avec la stratégie du coupable et de la victime, c'est que je crois être le plus fort quand j'accuse. Je crois exercer mon pouvoir de jugement et de réprimande mais au final je perds mon pouvoir. En effet, en me mettant moi-même dans la position de la victime (car oui, je peux choisir de ne pas être victime si je le veux !), je donne le pouvoir aux coupables. Mon bien-être et ma sérénité sont dans leurs mains. Ils doivent changer pour que moi je ne sois plus frustrée !

- Mon troisième critère est la justesse de mes propos. Je me suis rendu compte que très souvent, quand on râle, en fait, on a tellement peur de ne pas être entendu qu'on exagère. Quand je râle, j'ai un besoin, un réel besoin qui mérite que je m'en occupe pour le satisfaire. Parfois c'est un besoin de bien-être, de calme, d'aide, de reconnaissance, de repos. Et comme stratégie pour satisfaire ces besoins, sans le faire exprès, en pilotage automatique, j'utilise la râlerie. On se met à râler et on pense que ça va satisfaire notre besoin. Je me suis rendu compte que très souvent, comme ce besoin est important, comme parfois aussi on a ignoré ce besoin un peu trop longtemps, alors on a très peur de ne pas être entendu. Et comme on a peur de ne pas être entendu, on exagère et on n'a pas le mot juste. On va dire : « C'est toujours pareil, c'est infernal, ça me tue, ça fait 100 fois que je te demande » ou « Je suis crevé, je suis lessivé ! » On va utiliser des mots très forts. On va en fait beaucoup exagérer les choses en se disant : « Peut-être que si j'exagère on va m'entendre. Peut-être que quelqu'un va me regarder, qu'on va me donner ce dont j'ai besoin. »
  Donc le troisième critère, c'est la justesse de mes propos. Est-ce que je suis en train de décrire les faits pour ce qu'ils sont vraiment, ou est-ce que je suis en train de les exagérer parce qu'en fait j'ai peur de ne pas être entendu ?

Un autre indicateur important pour moi dans ce challenge a été de choisir de ne prendre en compte que les râleries exprimées ! Ce qui veut dire que si vous ruminez en silence, cela ne compte pas comme une râlerie, vous n'êtes pas obligé de changer le bracelet de poignet.

Au début de mon challenge, j'ai essayé de changer le bracelet de côté à chaque fois que je râlais intérieurement (boule au ventre, ruminations...), mais je me suis vite rendu compte qu'à ce rythme je n'y arriverais jamais ! Finalement, j'ai pris conscience que c'était irréaliste de penser pouvoir éviter toute frustration, à moins d'être sans enfant ni obligations et en train de siroter un cocktail au bord d'une piscine au soleil (et encore !).

Des raisons de râler, vous en avez tout au long de la journée. Avec ce challenge, vous allez faire du tri dans votre vie, mais vous ne pourrez bien sûr pas supprimer toute source de frustration ni les pensées négatives. Alors, je vous invite à commencer par ne pas exprimer vos frustrations en râlant. Quand vous vous exprimez en râlant, cela a un impact sur votre vie. Ce sont ces mots que vous employez dont vous vous souvenez quand vous vous couchez le soir. Ce sont ces mots qui marquent votre entourage. Ce sont ces mots négatifs qui ont pollué votre journée et teinté vos (ré)actions. Alors, pour ce challenge la règle est :

- ne râlez pas à voix haute ;
- trouvez d'autres moyens de gérer vos frustrations ;
- si vous avez besoin de communiquer sur un problème, faites-le sans râler auprès de la personne concernée ; c'est très important.

Bien évidemment, nous avons parfois besoin d'exprimer notre mécontentement et notre douleur au moyen de cris, de râles, de grosses colères. Mais soyons honnêtes, franchement ! La plupart du temps, nous nous plaignons à longueur de journée sans même nous en rendre compte. Nous nous plaignons auprès de nos amis, de notre conjoint, de notre voisine (et bien souvent ils n'ont rien à voir avec ce qui nous fait râler), et cela ne fait pas avancer le problème. Nous passons ainsi nos journées à subir ce que nous ne voulons pas et cette souffrance nous pollue. Quand nous parvenons à supprimer ces râleries, nous libérons un grand espace pour penser à ce que nous voulons, pour prendre notre vie en main, célébrer ce que nous avons déjà et ce pour quoi nous sommes reconnaissants.

→ Exercice 33 : J'apprends à exprimer mes frustrations et mes besoins autrement (p. 228)

→ Exercice 34 : J'évite que la cocotte-minute n'explose (p. 231)

Les premiers jours de mon challenge

Ce challenge a vraiment été dès le premier jour un chemin pavé de découvertes et de prises de conscience. Les premiers jours, j'ai vécu ce que j'appelle « la danse du bracelet ». Du poignet gauche au poignet droit, au poignet gauche, au poignet droit... À longueur de journée. J'étais bien contente que mon bracelet soit élastique (une condition indispensable pour faire l'exercice correctement) !

Ensuite, j'ai réalisé que si je voulais arrêter de remettre tous les jours les compteurs à zéro, il était important que j'identifie les situations qui me faisaient râler à tous les coups et que j'analyse si je pouvais les éviter ou les changer. J'ai ainsi clairement observé que le matin était ma plus grosse zone de danger (suivi de près par le moment du coucher !) avec trois filles, le petit-déjeuner à préparer, les paniers-repas, trois écoles différentes et l'heure qui tourne... Attention danger !

Tous les matins, je me retrouvais à râler, ruminer, me sentir pressée, oppressée, à faire la police avec mes enfants : « Habille-toi ! Mange ton petit-déjeuner ! Quoi ? Tu ne sais pas où sont tes chaussures ? Vite, vite, vite ! »

Ce n'était vraiment pas une bonne façon de commencer ma journée. Dans une vie idéale, je voudrais que le matin soit paisible, devienne un bon moment en famille où je puisse être sereine avec mes filles avant que nos chemins ne se séparent entre l'école et mon travail.

Je me suis donc demandé ce que je pouvais faire pour éviter de me retrouver dans cette situation. Car cela me semble la stratégie la plus efficace pour ne plus râler. Si je supprime la raison de râler, alors le challenge sera plus facile ! Plus besoin de me retenir ! Ainsi, en douceur, j'ai mis en place des changements :

- j'ai demandé à mes filles de préparer elles-mêmes la veille leur déjeuner pour l'école (aux États-Unis où je vis, certaines écoles n'ont pas de cantine) ;
- j'ai créé une routine avec elles : elles choisissent leurs habits la veille (pour les chaussures, on y travaille encore !) ;
- j'ai commencé à préparer ma cafetière la veille au soir ;
- j'ai finalement réussi à me lever plus tôt, ce qui me semblait auparavant impossible.

Ce challenge m'a permis de très vite réaliser combien il est important que je sois très claire sur ce qui me convient et ce qui ne me convient pas. Ainsi, je me suis donné pour mission d'éviter de me mettre moi-même dans une situation qui, je le sais, me fera râler.

Si je suis encore assise à mon bureau à 18 heures alors que c'est à moi de faire le dîner, je sais que bientôt mes enfants vont venir réclamer de passer à table et que cela va me stresser, je peux donc soit arrêter de travailler et préparer le dîner, soit assumer mon choix de rester à mon bureau, mais sans râler.

Si j'ai un rendez-vous important, je choisis de partir avec dix minutes d'avance plutôt que de chercher à faire « encore un dernier truc qui va me mettre en retard ».

Encore aujourd'hui, veiller à ne pas me mettre moi-même dans des situations qui génèrent de la frustration ou du stress est devenu ma priorité, et chaque fois que je pressens que je risque de dériver, je redresse la barre le plus tôt possible. Je n'attends pas le point de non-retour.

En effet, le principe de ce challenge n'est pas de tout encaisser avec le sourire, ni de se forcer à voir la vie en rose ou de prétendre vivre « au pays des Bisounours ». Bien au contraire, c'est plutôt un projet pour développer une nouvelle hygiène de vie. Vivre les moments avec plus de plaisir, et quand vraiment ça coince, assumer sa part de responsabilités et voir ce qu'on peut faire pour réorganiser les choses ou les faire différemment.

Ceux qui tentent le challenge en adoptant la stratégie d'encaisser toute la journée ne tiendront pas plus de quelques heures voire quelques jours. Et surtout, au final, ils n'obtiendront pas le résultat escompté qui est une vie plus heureuse, plus sereine et plus riche.

→ Exercice 37 : Je vais au cœur des choses plutôt que de râler « en surface » (p. 239)

Les quatre phases du challenge

Si, en lisant ces lignes, vous avez vous aussi envie de vous lancer dans ce challenge, je tiens vraiment à vous dire bravo ! Vous allez emprunter un chemin de découvertes personnelles passionnantes et réaliser que le bonheur est à portée de main.

À la suite de mon challenge et de mes lectures sur la « conduite de changement[1] », je me suis souvenue d'une théorie que j'avais lue quelques années plus tôt et qui parlait des quatre grandes phases propres à la conduite de changement[2]. Je tiens à vous les présenter pour que vous sachiez à quoi vous attendre. J'aurais moi-même beaucoup aimé avoir cette visibilité quand j'ai commencé.

Phase 1 : L'euphorie et l'espoir

On découvre le challenge et l'on se dit : « Et si j'arrêtais de râler ? Pourquoi pas moi ? » Durant cette phase, on n'a pas encore conscience

1. Accompagnement d'une personne ou d'une organisation face à l'instabilité et au développement de son environnement.
2. *Four stages for learning any new skill*, théorie développée par Gordon Training International.

à quel point on râle et que c'est un automatisme. On ne sait pas faire autrement. J'ai aussi rencontré certaines personnes qui, dans cette phase, ont conscience de râler énormément, mais n'ont pas conscience que c'est ancré dans leurs habitudes et dans leurs cellules. Pour tout le monde, c'est la phase où « on ne sait pas que l'on ne sait pas ».

Phase 2 : La prise de conscience du challenge

C'est aussi la phase de la « danse du bracelet ». On râle, on râle, on râle, et à chaque fois on change le bracelet de poignet. Désormais, on a conscience à quel point on râle et on ne sait pas comment faire autrement. « On sait que l'on ne sait pas. » C'est la phase où l'on doit accepter d'être un élève et de réapprendre à fonctionner autrement. C'est une phase difficile, où l'on a des résistances et où l'on a envie de baisser les bras. Au début, c'est amusant pendant deux ou trois jours, mais ensuite on se dit : « C'est impossible, c'est trop dur, je ne vois pas pourquoi je m'embête avec ce challenge, j'ai déjà tellement de soucis dans ma vie… » C'est à ce moment-là que le plus de gens abandonnent. Pour vous aider à tenir le coup dans cette phase, je vous rappelle que même si au bout de trois ou cinq mois, vous pensez en être toujours au même point que le premier jour, sachez que ce n'est pas vrai. Vous n'en êtes pas au même point, vous avez avancé. Vous êtes en train de faire des bonds en avant, même si vous avez l'impression de faire du surplace. Chaque changement de poignet de votre bracelet est le signe d'un ancrage plus profond dans votre cerveau. Il y a quelque chose de précieux à apprendre de chaque échec.

→ Exercice 38 : Je focalise mon attention sur la solution (p. 241)

Phase 3 : Passer quelques heures, quelques jours sans râler

Enfin, nous vivons des réussites (tout n'est pas perdu !). Bien souvent on arrive à se contrôler, à tourner sept fois sa langue dans sa bouche avant de parler, à gérer ses besoins sans râler, à communiquer autrement ses frustrations... On est « en conscience », très concentré, dans le contrôle. Dans cette phase, le décompte a commencé. On en est généralement à trois jours, dix jours consécutifs sans râler et l'on fait tout ce qu'on peut pour ne pas avoir à tout recommencer à zéro. Si un jour toutefois on râle, on recommence, mais on sait qu'on peut y arriver. C'est la phase où « on sait que l'on sait comment arrêter de râler ». À partir de maintenant, la clé est de persister pour éliminer cette mauvaise habitude et créer un changement en profondeur.

Phase 4 : La phase dite du maître

C'est la phase où « on ne sait pas que l'on sait ». On a oublié la technique et on est dans le naturel. On a transformé notre habitude : ne pas râler devient une seconde nature. Cette phase est atteinte lorsqu'on arrive à passer 21 jours consécutifs sans râler. On a grandi en sagesse, on a profondément changé et notre vie ne sera plus jamais la même.

→ Exercice 40 : J'arrête de râler une bonne fois pour toutes ! (p. 244)

Un challenge pour passer de râler à célébrer

Je crois que bien souvent nous sommes tellement frustrés de ne pas pouvoir contrôler tout ce qu'il nous arrive que nous choisissons de focaliser notre attention sur tous les problèmes de notre vie. Comme nous ne contrôlons pas, nous subissons, nous râlons, et cela gaspille toute notre énergie.

- Nous ne pouvons pas contrôler les blocages du métro, alors nous râlons.
- Nous ne pouvons pas contrôler la réaction de notre patron, alors nous râlons.

- Nous ne pouvons pas contrôler les choix de notre conjoint, alors nous râlons.
- Nous ne pouvons pas contrôler la pluie, la neige ou le froid, alors nous râlons.
- Nous ne pouvons pas contrôler l'attitude de nos enfants, alors nous râlons.
- Nous ne pouvons pas contrôler les bouchons sur la route, alors nous râlons.
- Nous ne pouvons pas contrôler nos maux de tête ou notre mal de dos, alors nous râlons.

Les exemples sont infinis, et pourtant, au bout du compte, nous passons à côté de bien belles choses.

Personnellement, alors que je commençais le challenge, j'ai fait le bilan de mes journées et j'ai pris conscience que mes râleries me polluaient la vie :

- je râlais sur le bazar de ma maison ;
- je râlais sur mes enfants que je ne pouvais pas contrôler ;
- je râlais sur tout ce qui me ralentissait ;
- je râlais sur la trop longue liste de choses que j'avais à faire, et sur toutes celles que j'oubliais ;
- je râlais trop, au point que les journées passaient et que je me disais : « Zut, un jour de passé et je n'en ai pas profité à fond ! » J'avais le sentiment d'un gros gâchis. Ma vie était pleine de frustrations, de déceptions, de regrets…

Quand on râle, on parle de ce qui ne va pas et, finalement, petit à petit, on ne voit plus que ça. On se fait une montagne d'un petit incident. On s'attache à nos malheurs et on a ensuite encore plus de raisons de râler dans notre vie.

> Votre qualité de vie n'est pas tant déterminée par ce que la vie vous apporte que par l'attitude que vous adoptez dans votre vie ; pas tant par ce qu'il vous arrive que par ce que votre esprit perçoit de ce qu'il s'est passé.
>
> **Khalil Gibran**

Arrêter de râler nous permet de focaliser notre attention sur ce que nous avons déjà et sur ce que nous voulons dans notre vie plutôt que sur ce que nous ne voulons pas. Cela nous permet de voir ce qui peut nous rendre heureux dans notre journée et de célébrer ce que nous apprécions.

Je crois profondément que ce sur quoi nous nous concentrons prend plus de place dans notre vie et devient notre réalité, notre quotidien, notre vie.

« Si vous voulez être profondément heureux, vous devez mettre du bonheur dans toutes vos expériences de vie plutôt que d'essayer d'extraire du bonheur de ces mêmes expériences[3]. » Voilà un changement de point de vue fascinant, non ?

Prenez le temps de relire cette phrase qui peut changer votre vie.

Quand nous râlons, c'est souvent parce que nous sommes déçus que notre expérience ne nous ait pas apporté assez de bonheur. Mais en fait, c'est à nous d'apporter du bonheur à cette expérience de vie, et non le contraire.

C'est à nous de cultiver notre bonheur au présent, car notre bonheur est en nous, il ne se trouve pas dans notre futur ni dans les aléas de la vie.

---

3. Marci Shimoff, *Heureux sans raison : la quête d'un bonheur pur et véridique*, Monde différent, 2009.

> C'est en vain qu'on cherche au loin son bonheur quand on oublie de le cultiver soi-même.

« Lettres sur la vertu et le bonheur », ***Œuvre et correspondance inédite,*** **Jean-Jacques Rousseau (1758)**

Quand on arrête de râler, on laisse de la place à ce bonheur. En supprimant les râleries de nos conversations, nous libérons de l'énergie, nous générons du vide, des blancs (parfois inconfortables au début) et, à partir de là, nous pouvons commencer à remarquer toutes ces petites choses qui auparavant pouvaient passer inaperçues. Nous avons ménagé l'espace disponible pour planter petit à petit les graines de notre bonheur.

Toutes ces petites choses agréables de notre quotidien que nous considérions comme acquises auparavant prennent désormais une plus grande place dans notre vie. Nous pouvons nous en imprégner et les vivre pleinement. Nous commençons alors à célébrer le goût de notre thé, l'arbre qui fleurit devant la fenêtre, l'air frais qui est si bon à respirer, notre enfant qui nous fait un câlin, notre conjoint qui est rentré un peu plus tôt pour le dîner, une amie qui nous passe un coup de fil pour prendre des nouvelles, les artistes qui nous font danser avec leur musique, les auteurs qui nous inspirent avec leurs livres, les éclats de rire qui fusent lors du dîner que nous partageons, notre travail qui nous permet de nous réaliser…

Avec ce challenge, j'ai eu envie de créer plus de place dans ma vie pour la célébration. J'ai voulu passer de râler à remercier. J'ai voulu savourer ma vie pleinement et arrêter de concentrer toute mon attention sur ce qui va de travers. J'ai voulu développer ma gratitude pour la vie qu'il m'est donné de vivre.

→ Exercice 43 : Je célèbre chaque jour ! (p. 253)

Rappel

Commencez par mettre à votre poignet un bracelet pour vous rappeler que vous vous engagez dans ce challenge.

Chaque fois que vous vous surprenez à râler à voix haute, changez de poignet (ne vous inquiétez pas si les premiers jours vous changez plusieurs fois le bracelet de poignet !). Lorsque vous changez le bracelet de côté, le compte à rebours des 21 jours repart à zéro (eh oui !).

Communiquez vos frustrations ou vos besoins, sans jugements ni râleries.

Prenez le temps d'identifier à quelle phase du challenge vous vous situez :

- Phase d'euphorie : « On ne sait pas que l'on ne sait pas arrêter de râler. »
- Phase de prise de conscience et de la danse du bracelet : « On sait qu'on ne sait pas arrêter de râler. »
- Phase de progrès : « On sait que l'on sait arrêter de râler. » On arrive à passer quelques jours sans râler.
- Phase du maître, atteignable par ceux qui persévèrent et passent 21 jours consécutifs sans râler : « On ne sait pas que l'on sait. » Ne plus râler fait partie de notre nature profonde.

N'oubliez pas de remplacer vos râleries par des célébrations et d'échanger avec les autres sur votre gratitude envers la vie.

CHAPITRE 7
Questions/réponses

Combien de temps va-t-il me falloir pour réussir ce challenge ?

En moyenne, il semblerait que les gens râlent de 15 à 30 fois par jour. Les personnes qui essaient vraiment de faire le challenge ont besoin de deux à dix mois pour parvenir à passer 21 jours consécutifs sans râler. Ce n'est pas facile, mais cela vaut le coup.

Souvenez-vous que vous devez changer votre bracelet de côté uniquement si vous exprimez votre complainte. Si vous râlez dans votre tête, cela ne compte pas. Alors, soulagé ?!

Vous verrez que plus vous vous retenez de vous plaindre, plus vous éviterez de vous mettre dans des situations génératrices de frustration, et moins vous aurez de motifs de plainte. Avec ce processus, vous allez reformater votre « disque dur mental », prendre en main votre vie et devenir une personne plus heureuse.

N'oubliez pas de prendre chaque jour comme il vient et de ne pas vivre dans l'obsession de votre objectif de 21 jours. Pour réussir, il suffit finalement de renouveler tous les matins votre engagement de ne pas râler durant une journée ou, pour commencer, durant la prochaine heure. Et, petit à petit, pas à pas, heure par heure, vous ferez des progrès et ce challenge deviendra de plus en plus facile à relever, au point que vous parviendrez un jour à célébrer votre 21e jour !

21 jours n'est donc pas un but en soi. C'est un repère pour créer du changement dans votre vie. Je vous souhaite d'ailleurs de passer 4 000 jours sans râler ! Souvenez-vous que chaque heure, chaque jour sans râler est un cadeau pour votre vie personnelle. Quoi qu'il arrive, même s'il vous faut deux ans pour atteindre 21 jours, vous verrez que, dès le premier jour, vous récolterez les bienfaits de ce challenge.

Mark Twain a dit : « On ne se débarrasse pas d'une habitude en la flanquant par la fenêtre, il faut lui faire descendre l'escalier marche par marche[1]. » Et comme une lectrice du blog a pu l'écrire : « Certains escaliers sont plus longs que d'autres ! »

Eh oui, parfois changer est un long chemin rempli de tentatives et d'échecs et la réussite sera au bout de ce chemin pour ceux qui auront su persister parce qu'ils savaient que c'était important de continuer. Pour illustrer ce point, j'aime bien dire que Thomas Edison n'aurait jamais fait d'aussi belles découvertes sur l'électricité s'il avait baissé les bras à cause de ses échecs. Chaque échec était la preuve qu'il avait essayé quelque chose, chaque échec générait un résultat, un peu plus de connaissance qui le rapprochait du but.

Alors vous aussi, chaque soir, posez-vous la question de ce que vous avez appris dans la journée. Si vous avez râlé, est-ce que cela vous a permis d'apprendre quelque chose sur vous-même et sur ce qui vous fait partir « au quart de tour » ? Maintenant que vous en êtes conscient, que pouvez-vous mettre en œuvre pour ne pas vous retrouver à nouveau dans ce genre de situation ? Si vous n'avez pas râlé, vous avez alors appris comment gérer une situation autrement : qu'avez-vous appris ?

1. Mark Twain, *Le Roman de Jeanne d'Arc*, Serpent à plumes, 2006.

« Chaque lundi, ma prof de yoga nous demande : "Comment vous sentez-vous ici et maintenant ?" Et là, j'ai dit : "positive" et je crois vraiment que c'est grâce à ma semaine, grâce à mon challenge. Au plus profond de moi, je sentais un changement dans ma manière de me positionner face au monde. J'ai fait danser mon bracelet tout le week-end d'un poignet à l'autre, mais ai-je échoué pour autant ? Je ne le pense pas. J'ai gagné en qualité de présence, pour mon entourage, pour moi-même. Force est de constater que ce lundi était très différent des autres, et cela sans que je sache vraiment pourquoi. Mais mon joli bracelet me rappelle dans quelle belle aventure je me suis lancée et je me dis que je suis fière de moi. 21 jours, ce sera peut-être difficile à tenir, mais en attendant, que de chemin parcouru... N'est-ce pas cela qui compte ? »

Annabel

Et si vous adoptiez la même mentalité pour votre propre challenge ? Apprenez de chaque échec, restez engagé, ayez confiance en votre capacité à y arriver. Si vous ratez, recommencez !

Est-ce que nous râlons quand nous éduquons nos enfants ?

C'est l'une des questions les plus fréquentes que posent les personnes qui tentent le challenge. En effet, les enfants ont le don de vouloir dépasser les limites, d'ignorer nos demandes, de prendre des risques et de satisfaire leurs envies au-delà du raisonnable. Et forcément, cela peut nous donner envie de les remettre dans le droit chemin en les disciplinant. La discipline, c'est-à-dire donner un cadre à nos enfants, est une mission très importante dans notre rôle de parents et en aucun cas je ne souhaite que ce challenge vous incite à baisser la garde dans ce domaine sous prétexte que râler n'est pas permis !

Toutefois, je vois que beaucoup d'entre nous ont tendance à confondre discipliner avec râler. Je crois profondément qu'il est possible d'élever nos enfants sans râler. Il y a moyen de leur dire sans râler : « Non ! », « Attention ! », « Ce n'est pas possible ! », « Je ne suis pas d'accord ! », « Ce comportement n'est pas acceptable ! ». Je remarque que bien souvent nous râlons trop vite sur nos enfants. Ils sont d'ailleurs malheureusement les premières victimes de nos râleries. Sous prétexte de les éduquer, nous les accusons de tous les maux : ils ne nous écoutent jamais, ils laissent leur bazar partout, ils ne pensent qu'à eux, ils n'aident jamais, ils sont mal élevés, méchants, égoïstes, pas sages, étourdis, fatigants, etc. !

Je suis allée chercher la définition de « discipliner » dans un dictionnaire et je dois dire que j'ai été assez choquée par ce que j'ai lu : « soumettre quelqu'un, un groupe, à l'obéissance, à un ensemble de règles qui garantissent l'ordre dans la collectivité où il se trouve. »

Synonymes : « assujettir, dominer, dompter, éduquer, élever, former, maîtriser, ordonner, plier, soumettre ».

La discipline est vraiment trop souvent teintée de la notion de domination et de soumission, ce que je déplore. Je ne suis pas contre le fait de cadrer nos enfants, de les guider et de leur poser des limites fermes, mais je trouve que sous prétexte qu'ils sont plus jeunes et que nous sommes leurs parents, nous nous permettons de leur dire des mots très durs. Nous râlons sur eux et nous les jugeons. Nous râlons, et pourtant nous les aimons beaucoup et ne voulons que leur bien.

Finalement, en râlant, nous coupons la communication. Nous les faisons fuir, car personne n'a envie de se faire râler dessus. En râlant, nous cherchons à forcer le changement en pointant du doigt leurs faiblesses. Et malheureusement, ce faisant, nous ne les poussons pas à agir mieux.

Je ne dis pas que c'est facile. C'est un défi quotidien pour moi aussi. En plus, j'ai constaté en faisant le challenge que, souvent, nous râlons avant même d'avoir pris le temps de leur dire clairement ce que nous attendons d'eux, et surtout sans nous assurer qu'ils ont compris. Nous râlons, car nos enfants ne font pas ce que nous attendons d'eux, mais souvent nous ne leur avons pas vraiment donné les moyens de le faire. Vous n'êtes pas d'accord ?

J'ai aussi remarqué que, bien souvent, nos enfants sont les victimes de notre désorganisation. Nous sommes en retard et nous les accusons. Nous sommes débordés et nous leur crions après, car nous reportons notre stress sur eux. Nous avons aussi parfois tendance à laisser déborder une situation par peur (ou paresse) de la gérer. Et ensuite, nous explosons et nous râlons. Discipliner sans râler, c'est essayer de vraiment poser nos limites avec nos enfants, mais en nous donnant à tous les moyens de réussir.

Je vous invite à observer toutes les fois où vous vous adressez à vos enfants en râlant, toutes les fois où vous ruminez, criez, soupirez en les jugeant. Est-ce que cela vous convient ? Je ne dis pas que j'ai la solution à toutes les problématiques d'éducation. Ce que je sais, c'est que par le simple fait de mettre un bracelet à votre poignet et de vous engager à ne pas râler pendant 21 jours consécutifs, vous vous engagez sur un chemin de découverte, de remise en cause, de prise de responsabilité et de communication qui ne peut que porter ses fruits dans votre relation avec vos enfants.

J'ai raconté mon expérience, ainsi que celle de ma sœur, dans *J'arrête de râler sur mes enfants (et mon conjoint)*, co-écrit avec ma sœur (Eyrolles, 2013). Des formateurs sont présents pour accompagner les parents en détresse dans toute la France et dans de nombreux pays francophones.

Et les potins ?

Un jour, sur mon blog, une lectrice m'a posé une excellente question : « Quand nous nous racontons les derniers potins, sommes-nous en train de râler ? » Quand, entre amis ou entre collègues, nous partageons une bonne ou une mauvaise nouvelle concernant une tierce personne qui est absente, je pense que – si nous restons au niveau de l'information, du partage d'une nouvelle heureuse ou malheureuse – nous ne sommes pas en train de râler, bien au contraire. Nous prenons des nouvelles, nous restons en contact, nous cherchons à tisser des liens. Mais le potin sur une tierce personne absente, que nous jugeons négativement (par un commérage, un cancan), dont nous nous moquons et à l'image de laquelle nous portons atteinte, cela pose question. Nous disons souvent du mal d'une personne car cela entretient la conversation à deux niveaux :

- cela nous valorise ;
- cela nous permet de partager avec les personnes présentes...

C'est triste à dire, mais c'est tellement vrai et nous l'avons tous fait à plusieurs reprises dans notre vie, moi y compris.

Rappelons que dans le challenge « J'arrête de râler », nous essayons d'avoir une conversation avec les personnes concernées par nos problèmes, et si nous parlons avec quelqu'un qui n'a rien à voir avec le problème, ce doit être dans une démarche constructive, pour partager nos émotions, notre difficulté, pour faire appel au bon sens de l'autre et chercher une solution qui nous apaise.

Quand nous sommes en train de juger une personne qui n'est pas là, nous entrons dans la zone interdite du challenge.

Cette réflexion m'a rappelé un texte de George LeSage, intitulé *Les Trois Passoires de Socrate*[2], que ma mère avait accroché sur le mur de la cuisine, visible de tous. Je l'ai retrouvé, et le voici.

2. George LeSage (George Ghanotakis), *La Caverne et l'Ange gardien*, Éditions Porte-bonheur, 2005.

Les trois passoires de Socrate

Socrate avait, dans la Grèce antique, une haute opinion de la sagesse. Quelqu'un vient un jour trouver le grand philosophe et lui dit : « Sais-tu ce que je viens d'apprendre sur ton ami ?

– Un instant, répondit Socrate. Avant que tu me racontes, j'aimerais te faire passer un test, celui des trois passoires.

– Les trois passoires ?

– Mais oui, reprit Socrate. Avant de raconter toutes sortes de choses sur les autres, il est bon de prendre le temps de filtrer ce que l'on aimerait dire. C'est ce que j'appelle le test des trois passoires. La première passoire est celle de la vérité. As-tu vérifié si ce que tu veux me dire est vrai ?

– Non, j'en ai simplement entendu parler...

– Très bien, tu ne sais donc pas si c'est la vérité. Essayons de filtrer autrement en utilisant une deuxième passoire, celle de la bonté. Ce que tu veux m'apprendre sur mon ami, est-ce quelque chose de bon ?

– Ah non ! Au contraire.

– Donc, continua Socrate, tu veux me raconter de mauvaises choses sur lui et tu n'es même pas certain qu'elles soient vraies. Tu peux peut-être encore passer le test, car il reste une passoire, celle de l'utilité. Est-il utile que tu m'apprennes ce que mon ami aurait fait ?

– Non, pas vraiment.

– Alors, conclut Socrate, si ce que tu as à me raconter n'est ni vrai, ni bien, ni utile, pourquoi vouloir me le dire ? »

Eh oui, encore une fois, avec ce challenge apprenons à avoir le mot juste. Nos mots sont importants et il faut les utiliser à bon escient : « En ravalant des paroles méchantes sans les avoir dites, personne ne s'est jamais abîmé l'estomac. » (Winston Churchill)

→ Exercice 35 : Je passe mes potins à la passoire (p. 232)

En quoi arrêter de râler va-t-il créer un changement positif ?

> « Si vous pensez que vous êtes trop petit pour changer quoi que ce soit, essayez donc de dormir avec un moustique dans votre chambre. »
>
> **Vieux proverbe africain**

Râler, c'est diffuser de l'énergie négative, et l'énergie négative ne peut pas créer de résultat positif. Aussi, quand vous arrivez à passer de râler à célébrer, vous supprimez de votre vie tous ces moments de tension, d'agitation, d'anxiété. Vous passez d'une vie lourde et tendue à une vie légère et ouverte. Cela rejoint un message du blog dans lequel je parle de la vie comme d'un jardin qu'il faut cultiver. Si vous plantez des graines de carottes dans votre jardin, vous allez récolter des carottes. Ne vous attendez pas à récolter des fraises.

Il en est de même dans votre vie. Quand vous râlez, vous plantez des graines de frustration, de négativité, de jugement, de victimisation... Vous ne pouvez donc pas vous attendre à récolter dans votre vie de la sérénité, du bonheur, du respect, des réussites.

> En s'imposant une certaine discipline intérieure, on peut transformer son attitude, ses conceptions et sa manière d'être dans l'existence [...]. On commence par isoler les facteurs qui mènent à la souffrance. Après quoi, on peut s'attacher peu à peu à éliminer les facteurs de souffrance et à cultiver ceux qui conduisent au bonheur. Telle est la voie.

***L'Art du bonheur*, le Dalaï-Lama**

Pour vous donner un exemple de la façon dont ce challenge a pu changer ma vie, revenons un peu en arrière et laissez-moi vous raconter la fin de mon challenge. Après deux mois de tentatives, je venais de passer 17 jours consécutifs sans râler. J'étais avec mes parents et ma famille, réunis pour célébrer le mariage de ma cousine. Nous étions en train de déjeuner sur la rive d'un fleuve, et mon cœur débordait de bonheur. Je me sentais ouverte, comme si j'allais exploser de joie. Je savourais chaque instant. Et pourtant, la journée n'avait pas forcément été si simple, mais j'avais désormais pris l'habitude de cultiver les graines de bonheur de ma journée plutôt que d'arroser et d'entretenir toutes les frustrations. Grâce au challenge, j'avais choisi ce jour-là de ne pas rester bloquée sur le fait que ma chambre d'hôtel ne correspondait pas à ma réservation, que cet hôtel qui avait de superbes photos sur Internet était en fait sur un parking dans une zone commerciale, que je venais de passer plusieurs heures dans les bouchons, que mon mari me manquait car je ne l'avais pas vu depuis plusieurs semaines, que j'étais fatiguée après une semaine de travail intense... J'ai préféré savourer, célébrer le moment présent, me réjouir de cette belle journée. Je débordais de joie. À un moment, je me suis même presque sentie vulnérable tellement ce sentiment était fort et ne semblait pas courant (une petite voix que je suis vite parvenue à faire taire me disait : « Mérites-tu ce bonheur ? Va-t-il se produire un malheur pour tout gâcher ? »).

J'étais si heureuse, si présente. Voilà une journée qui est passée dans ma vie et que j'ai vécue pleinement. Ce challenge m'a permis de savoir, du fond de mes tripes, que ce bonheur profond est accessible. J'ai réussi à créer une connexion forte dans mon cerveau qui me permet désormais de vivre ma vie avec un bonheur d'une intensité toute nouvelle et profondément délicieuse.

Maintenant, imaginons l'impact que ce challenge peut avoir sur la société au sens large. Souvenez-vous que nos mots ont un pouvoir énorme sur la vie (voir p. 65). Si tous les habitants de cette terre adoptaient une parole juste et vraie, nos réalités seraient complètement différentes. Pouvez-vous imaginer ce qui se passerait si nous pouvions tous faire abstraction de nos petits malheurs ? Si nous pouvions voir la vie comme un cadeau qui nous est donné ? Si nous pouvions prendre nos vies en main, faire tout ce qui est nécessaire pour changer ce qui ne nous convient pas et, si nous ne pouvions rien y faire, eh bien nous changerions au moins notre attitude ?

> « Si vous n'aimez pas quelque chose, changez-le. Si vous ne pouvez pas le changer, changez votre attitude. Ne râlez pas. »
>
> **Maya Angelou (mayaangelou.com)**

Ce challenge nous amène à définir ce que nous voulons, à nous investir pour améliorer notre vie, plutôt que de nous plaindre. Nous concentrons notre attention et notre énergie pour rendre notre vie plus agréable, plutôt que de nous focaliser sur ce qui ne nous convient pas. Ainsi, nous pouvons :

- passer de « contre le désordre dans la maison » à la mise en œuvre des plans d'action « pour favoriser l'ordre » ;
- passer de « râler contre les retards des trains » à « se donner les moyens pour retrouver une certaine sérénité » (emporter un livre, télécharger une émission que nous aimons et emporter nos écouteurs, acheter un smartphone pour travailler, acheter un scooter, changer de travail…) ;

- passer de victime à acteur de sa vie ;
- passer de l'accumulation de petites souffrances au bonheur d'une vie pleinement vécue.

Imaginez ce qui se passerait si nous pouvions tous, à travers le monde, nous concentrer sur les solutions plutôt que sur les problèmes.

Beaucoup de personnes me disent que ce livre est utile pour les Français qui sont réputés de par le monde comme étant des râleurs. Mais, finalement, je pense que le débat n'est vraiment pas de savoir si les Français râlent plus ou moins que les autres, mais plutôt que chacun fasse son propre bilan et se demande si cela lui convient de râler autant. Est-ce que nous passons à côté de quelque chose d'important quand nous râlons ? Qu'est-ce que notre société pourrait créer si elle arrêtait de râler ?

C'est peut-être une utopie de croire qu'une nation entière peut arrêter de râler, mais c'est une utopie qui me plaît.

> « Pas une carte au monde n'est digne d'un regard si le pays de l'utopie n'y figure pas. »
>
> ***L'Âme humaine et le socialisme*, Oscar Wilde (1891)**

Comment puis-je faire pour que quelqu'un arrête de râler ?

C'est une question que l'on me pose très souvent. Avez-vous remarqué à quel point nous pointons ce que nous n'aimons pas chez les autres plus facilement que chez nous ? Avec ce challenge, je crois fermement que le changement commence par soi-même. Commencez par vous demander : « Est-ce que moi je râle trop ? », « Suis-je heureux avec mon niveau de râlerie ? », « Est-ce que moi je vois l'intérêt de râler moins ? ».

Si vous avez un collègue, un conjoint, un parent, un ami qui râle trop à votre goût, commencez par vous observer vous-même. Avant de râler sur le fait qu'il râle (voir mon propre déclic, p. 13), cherchez à voir si vous voulez vous améliorer dans ce domaine.

Voyez-vous, je crois profondément que les choses qui nous énervent le plus dans la vie sont des choses que nous devons améliorer nous-mêmes. Si vous êtes entouré de râleurs et si cela vous agace, alors il y a de fortes chances que vous soyez vous-même un râleur. Et même si vous râlez peu, c'est une zone sensible chez vous, et supprimer vos propres râleries aura probablement un grand impact sur votre vie. En tout cas, tout cela s'est révélé très vrai pour moi.

Je voudrais vous lancer le défi de mettre un bracelet à votre poignet et de commencer le challenge. En toute humilité, observez le nombre de fois où vous râlez. Ne vous jugez pas. Personne n'est là pour vous juger. Soyez humble et faites le constat vous-même, pour vous-même. Je suis prête à parier que vous allez vous rendre compte que vous râlez bien plus que vous ne le souhaitez vraiment.

Conseils

Râler, c'est un peu comme avoir mauvaise haleine. On le remarque quand ça vient de la bouche de quelqu'un d'autre, mais pas quand ça vient de la nôtre. Je voudrais donc vous inviter à montrer l'exemple.

Quand vous commencerez à changer votre vie en arrêtant de râler (même si vous ne vous sentez pas trop râleur), vous deviendrez un exemple de vie positive et cela va inspirer vos proches. En plus, si vous ne participez pas aux râleries, les autres seront moins tentés de râler autour de vous.

« Ce matin, pfff... je me suis levée en ronchonnant, il fallait m'habiller... pfff... je rentre plus dans rien... gnagnagna... Et puis, je me suis dit : "Bon, soit je continue ainsi toute la journée, c'est c**, on est dimanche, soit je vais voir Christine ou je lis Arnaud (Desjardins)." Finalement, j'ai choisi de venir t'écouter ! Et j'arrête de râler !!!!!! Ma journée et celle de ceux qui m'entourent s'en trouvent éclairées ! Merci Christine pour ces graines de bonne humeur que tu fais pousser à des milliers de kilomètres de chez toi. Bizzz »

Élodie

Ce challenge est pour vous. Regardez-vous dans le miroir et évaluez à quel point vous râlez. Avez-vous râlé aujourd'hui ? Hier ? Cette semaine ?

Est-il interdit de râler pour le reste de notre vie ?

Rassurez-vous, ce n'est pas du tout l'objet de ce challenge, bien que je n'aie rien contre l'idée de ne plus râler du tout pour le reste de ma vie !

Ce challenge est là pour vous aider à changer d'habitude, c'est pour cela qu'il réclame une tolérance zéro aux râleries pendant 21 jours consécutifs. Vous verrez qu'ensuite, naturellement, vous ne trouverez presque plus aucune raison de râler.

Certains d'entre vous m'ont affirmé haut et fort que dans certains cas, râler peut avoir du sens. Et je suis d'accord, mais je tiens aussi à vous mettre en garde contre le fait de vous cacher derrière cette excuse. En toute conscience, analysez vos râleries. Vous constaterez sans doute que, le plus souvent, elles sont inutiles et même plutôt nuisibles. Vous croyez punir les autres en râlant mais en fait, au final, vous vous punissez vous-même.

Toutefois, si vous traversez une phase très dure de votre vie (deuil, douleur intense, dépression, profonde insatisfaction…), alors peut-être n'est-ce pas le bon moment pour commencer ce challenge. Trouvez le soutien dont vous avez besoin (un psychologue, un médecin, un coach, un représentant de votre communauté religieuse…). Ne restez pas seul, demandez de l'aide.

Pour tous les autres lecteurs, avez-vous envie de tenter 21 jours consécutifs sans râler ?

Après 21 jours consécutifs, et plusieurs échecs, j'ai vraiment l'impression de m'être débarrassée d'une lourde charge de râleries que je portais sur mes épaules. J'ai désormais l'esprit plus léger, et surtout je peux mettre mon énergie dans ce qui me tient vraiment à cœur, c'est-à-dire ma vie.

En toute honnêteté, il m'arrive encore de râler, mais vraiment beaucoup moins qu'avant. Ce challenge avec zéro tolérance m'a permis de changer mes réflexes, et surtout je ressens au fond de moi l'impact qu'ont ces râleries sur moi et mon entourage, et j'y mets fin tout de suite ou je demande pardon immédiatement.

Je crois pouvoir dire qu'à présent ma « zone de tolérance à la râlerie » est profondément réduite. Des comportements qui me semblaient encore acceptables avant ce challenge ne le sont plus, car je sais que mes râleries sont le signe d'un manque de respect de moi-même et de ma vie.

Certains amis essaient encore de me surprendre en train de râler ou, même, m'incitent à râler avec eux. Récemment, j'étais en voiture, coincée dans les bouchons. Et une amie, assise sur le siège du passager, bouillonnait d'impatience. Soudain elle m'a regardée et a dit : « Là, tout de même, ça fait râler, non ? » Figurez-vous que son commentaire m'a étonnée. Je n'avais absolument pas ressenti le moindre besoin de râler, pas de nœud dans le ventre, pas de stress… Je vivais le moment pour ce qu'il était : un moment passé dans les bouchons. Voulez-vous, vous aussi, tenter ce challenge et voir l'impact sur votre vie ?

Attention, je ne suis pas là pour faire la police ou vous convaincre de quoi que ce soit. Si vous pensez que râler contribue à votre bien-être (et c'est possible, après tout), alors je vous en prie, continuez ! Je vous invite juste à faire le point avec vous-même, à observer votre quotidien et à vous demander : « Est-ce que je profite de ma vie ou est-ce que je la subis ? » Avez-vous l'impression de la vivre pleinement, de profiter de chaque jour ? Ou êtes-vous, au contraire, toujours dans l'attente de quelque chose d'autre, de plus, de mieux, de moins, de différent ? Combien de fois par jour râlez-vous ?

Vous êtes votre propre juge. Je ne suis pas là pour vous convaincre. Soyez honnête avec vous-même. À vous de voir si vous râlez trop et si vous avez envie de changer.

« Je pense que le mot "râler" est vraiment propre à un mode d'expression un peu bâtard, entre "la complainte" qui ne changera pas vraiment les choses et "une expression de soi" frustrée et insatisfaite qui tient les autres pour responsables. En tout cas, pour moi, j'identifie bien quand je râle et c'est lié à quelque chose de négatif, une frustration comme tu dis qui s'est installée, mais qui ne veut pas changer tant qu'elle a besoin d'exister.
Donc, pour moi, râler ne fait pas avancer les choses, râler est improductif. Mais c'est personnel, peut-être que pour d'autres personnes râler va permettre le changement… Pour moi non, cela ne fait que me pourrir de l'intérieur ! »

Matyas

À vous de décider si vous voulez tenter cette aventure, si vous êtes curieux et motivé pour découvrir comment votre vie va être changée. Je suis à 300 % certaine qu'il n'y a que du bien qui peut découler de ce challenge. Vous ne pensez pas ?

Rappel

Quand vous êtes en train de raconter des potins, souvenez-vous du test des trois passoires :

1. La vérité : vérifions que ce que nous voulons dire est vrai.

2. La bonté : ce que nous voulons dire, est-ce quelque chose de bon ?

3. L'utilité : est-ce utile que nous partagions cela ?

Pourquoi dire des choses qui ne sont ni vraies, ni bonnes, ni utiles ?

Restez patient et ne vous jugez pas.

Le challenge commence par vous. Rien ne sert de reprocher aux autres leurs râleries.

Si vous surprenez quelqu'un qui fait le challenge avec vous et qui est en train de râler, vous pouvez le lui faire remarquer, mais vous devrez alors vous aussi changer votre bracelet de poignet. Vous recommencerez à zéro ensemble.

En vous lançant dans ce challenge, vous participez au changement d'état d'esprit de la société tout entière.

Ce que je sais suite à ma lecture et que je vais mettre en application au quotidien :

....

....

....

....

....

....

....

....

....

....

....

....

....

....

....

....

....

....

....

....

EXERCICES

J'arrête de râler… c'est parti ! Le challenge

Nous abordons maintenant le challenge proprement dit ! Votre objectif est donc de passer 21 jours consécutifs sans râler, afin de vous sevrer de votre habitude et de créer de nouvelles connexions dans votre cerveau. Après ce challenge, vous verrez que râler ne fera plus partie de vos réflexes. Vous sortirez de votre statut de victime et prendrez votre vie en main, pour la savourer pleinement.

Les premiers exercices ci-après sont conçus pour vous « échauffer » (Étape-clé : Mes premiers pas). Faites-les dans les premiers jours de votre challenge. Tous les exercices suivants vous aideront à aborder les éléments-clés de votre réussite :

- poser vos limites et communiquer autrement car arrêter de râler ne signifie pas tout accepter (Étape-clé : Je modifie ma façon de communiquer) ;
- lâcher prise sur les situations contre lesquelles vous ne pouvez rien faire et prendre les choses en main pour gérer les situations qui vous affectent vraiment (Étape-clé : Je change ce que je peux changer) ;
- apprécier ce que la vie vous donne déjà (Étape-clé : Je remplace mes râleries par des célébrations). Ces derniers exercices vous invitent à remplacer vos mots de râleries par des mots de gratitude et à oser donner vie à votre grande idée.

Bonne chance !

J'oubliais… Voici un dernier texte à méditer avant de vous lancer dans la réalisation des exercices !

Je médite... Le cadeau du rabbin

Un monastère traversait une période difficile. L'ordre – autrefois une congrégation monastique réputée – avait fermé toutes ses maisons à la suite des vagues successives de persécutions religieuses survenues aux XVIIe et XVIIIe siècles, et ses membres avaient été exterminés. Cinq religieux seulement demeuraient encore dans la maison mère décrépite : le Supérieur et quatre moines, tous âgés de plus de 70 ans. Visiblement, la congrégation s'éteignait.

Le monastère était entouré d'une forêt profonde où se trouvait une petite cabane qu'un rabbin de la ville voisine utilisait parfois comme ermitage. Les années de prière et de contemplation avaient rendu les vieux moines vaguement mystiques, et ces derniers pouvaient toujours deviner quand le rabbin se trouvait dans son ermitage. « Le rabbin est dans la forêt, le rabbin est revenu dans la forêt », chuchotaient-ils entre eux. Le Supérieur, qui se désolait de la mort prochaine de sa congrégation, eut un jour l'idée de rendre visite au rabbin dans son ermitage pour lui demander si, par un heureux hasard, il n'avait pas quelque conseil à lui donner pour sauver le monastère.

Le rabbin accueillit le Supérieur dans sa cabane. Mais quand celui-ci eut expliqué le motif de sa visite, le rabbin ne put que compatir à son sort. « Je sais ce que c'est, s'exclama-t-il. L'Esprit a quitté les gens. La même chose se produit dans ma ville. Presque plus personne ne vient à la synagogue. » Et le vieux rabbin et le vieux moine de gémir ensemble. Puis, ils lurent certains passages de la Torah et s'entretinrent paisiblement de choses graves. Vint alors pour le Supérieur le moment de prendre congé. Les deux hommes s'embrassèrent.

« C'est merveilleux que nous ayons pu nous rencontrer après toutes ces années, dit le Supérieur. Hélas, j'ai échoué quant au but de ma visite. N'y a-t-il rien que vous puissiez me dire, ne pouvez-vous pas me donner le moindre petit conseil qui m'aiderait à sauver ma congrégation de la mort ?

– Non, je suis désolé, répondit le rabbin. Je n'ai pas de conseil à vous donner. Je peux seulement vous dire que le Messie est l'un d'entre vous. »

Au monastère les moines entourèrent le Supérieur et lui demandèrent : « Alors, que vous a dit le rabbin ?

– Il a été incapable de m'aider, avoua le Supérieur. Nous n'avons fait que pleurer et lire ensemble la Torah. Il m'a seulement dit une chose au moment de partir, une chose assez mystérieuse : le Messie serait l'un d'entre nous. J'ignore ce que ça veut dire. »

Au cours des jours, des semaines et des mois qui suivirent, les vieux moines ruminèrent les paroles du rabbin, se demandant s'il était possible de leur donner une signification quelconque.

« Le Messie est l'un d'entre nous ? A-t-il vraiment voulu dire l'un d'entre nous, ici, au monastère ? Mais alors, lequel d'entre nous ? Songeait-il à notre Supérieur ? Oui, bien sûr, s'il pensait à quelqu'un, c'était sûrement au frère Supérieur. Voilà plus d'une génération qu'il est notre directeur. Par ailleurs, il est possible qu'il ait songé aussi à frère Thomas. Frère Thomas est très certainement un saint homme. Tout le monde sait que Thomas est un être de lumière. Il n'a certainement pas voulu dire frère Elred. Elred est parfois si agaçant. Pourtant, à bien y penser, même s'il ennuie les gens, il est vrai qu'Elred finit presque toujours par avoir raison. Et il arrive souvent qu'il ait vraiment raison. Peut-être le rabbin songeait-il à frère Elred. En tout cas, certainement pas à frère Philippe. Philippe est trop passif, il n'est rien du tout. Mais c'est vrai qu'il a le don, un don bien mystérieux, d'être toujours là quand on a besoin de lui. Comme par magie, il apparaît alors. Peut-être Philippe est-il le Messie ! Ce qui est sûr, c'est que le rabbin ne parlait pas de moi. Il est impossible que ce soit moi. Je ne suis qu'une personne ordinaire. Mais supposons qu'il ait pensé à moi. Supposons que je sois le Messie. Mon Dieu, pas moi. Je ne peux pas avoir une si grande valeur à vos yeux, n'est-ce pas ? »

Tout en réfléchissant de la sorte, les vieux moines se mirent à faire preuve d'un très grand respect dans leurs rapports mutuels, au cas où l'un d'entre eux serait le Messie. Et puisqu'il existait une chance rarissime pour chacun d'entre eux d'être le Messie, chacun commença à se traiter lui-même avec un infini respect.

Le monastère était situé dans une magnifique forêt. Parfois, des gens s'y rendaient pour pique-niquer sur un minuscule carré de pelouse et se promener dans les sentiers, et, de temps à autre, ils se rendaient même à la chapelle en ruine pour y méditer. Ce faisant, et sans même être conscients de la chose, ils sentaient confusément qu'une aura de respect entourait désormais les cinq vieux moines. Elle semblait irradier de leur personne et gagner l'esprit des lieux. Le phénomène avait quelque chose d'attirant, voire d'irrésistible. Sans trop savoir pourquoi, les gens se rendirent plus souvent au monastère pour y pique-niquer, pour y jouer, pour y prier. Ils commencèrent à y emmener des amis, histoire de leur montrer un lieu aussi particulier. Et leurs amis emmenèrent leurs amis.

Puis il arriva que quelques jeunes gens en visite au monastère se mettent à parler de plus en plus longuement avec les vieux moines. Après un certain temps, l'un des jeunes gens demanda s'il pouvait se joindre à eux. Puis un autre. Et un autre.

C'est ainsi qu'en quelques années le monastère redevint une congrégation florissante et, grâce au cadeau du rabbin, un lieu vibrant de spiritualité et de lumière dans le royaume.

Scott Peck

Étape-clé : Mes premiers pas...

Exercice 28 : Je tiens mon journal de bord

Les lecteurs qui le souhaitent peuvent prendre des notes sur leurs expériences en répondant tous les jours aux questions qui suivent. C'est un exercice qui m'a été très utile. En effet, lorsque j'étais dans le challenge, je me posais ces questions tous les soirs pour tirer les leçons de ma journée. Je prenais ensuite le temps de les partager avec les lecteurs du blog.

Jour 1

Quelles sont les frustrations que j'ai ressenties aujourd'hui ?

....

....

....

Pourquoi je me suis senti(e) frustré(e) ?

....

....

....

Quel est dans le fond mon besoin non satisfait ?

....

....

....

Qu'est-ce qui est important dans cela ?

....

....

....

À la suite de ma frustration, ai-je râlé ?

Si oui, comment aurais-je pu réagir autrement ? Que puis-je changer pour ne pas râler la prochaine fois ?

....

....

....

Si je n'ai pas râlé, comment ai-je réagi ? Suis-je satisfait(e) de ma réaction ?

....

....

....

Et ainsi de suite...

Exercice 29 : Je mets mon bracelet

Étape 1

Pour prendre véritablement conscience du nombre de fois où vous râlez, vous allez porter un bracelet autour de votre poignet. Ce bracelet vous aidera à vous souvenir de votre engagement dans ce challenge. Nous vous conseillons de porter un bracelet facile à mettre et à enlever. Si vous n'avez pas de bracelet, vous pouvez utiliser un chouchou ou un élastique.

Étape 2

À chaque fois que vous vous surprendrez à râler ou à maugréer (si vous râlez dans votre tête, cela ne compte pas), changez votre bracelet de poignet et remettez le compteur à zéro. Au début, il est très possible que votre bracelet change de poignet plusieurs fois par jour : on appelle cela la valse du bracelet. Ne perdez surtout pas courage et restez confiant(e), c'est normal ! Cet exercice vous aidera à prendre pleinement conscience du poids et de la place des râleries dans votre quotidien. De plus, vous constaterez très vite à quel point il est pénible de changer le bracelet de côté sans arrêt. Cela vous motivera d'autant plus à rester conscient(e) de votre challenge !

Étape 3

Persévérez pour arriver à maintenir votre bracelet pendant 21 jours sur le même poignet. Il vous faudra sûrement plusieurs semaines ou plusieurs mois (de la même manière qu'on n'arrive pas à arrêter de fumer du jour au lendemain), mais au final, vous serez sevré(e) !

Exercice 30 : Je me reconnecte avec ma force de vie

Notre respiration est notre force de vie. Hélas, beaucoup d'entre nous ont tendance à arrêter de respirer lorsqu'ils sont stressés ou énervés. Pourtant, nous recentrer sur notre souffle est notre plus grande ressource pour affronter les problèmes. Les recherches ont démontré qu'une respiration profonde et lente nous permet de relâcher notre stress, d'augmenter notre concentration et de mieux retenir les informations. Une respiration bien maîtrisée permet également de nous relaxer et de nous procurer des doses puissantes d'oxygène qui irradient notre cerveau et toutes les parties de notre corps. Nous sommes alors plus à même de trouver des solutions pour satisfaire nos besoins.

Saviez-vous que l'une des raisons principales pour lesquelles les gens trouvent que fumer est relaxant est qu'ils prennent de longues et profondes inspirations lorsqu'ils aspirent la fumée ? Et si nous le faisions sans les effets néfastes de la nicotine ?

Étape 1

Lorsque vous avez envie de râler, que vous vous sentez épuisé(e), irrité(e), ou tout simplement qu'une pause d'oxygène s'impose, prenez dix grandes inspirations en inspirant par le bas de votre ventre. Posez votre main sur votre ventre, puis expirez en le gonflant autant que possible.

Étape 2

Continuez et concentrez-vous pour sentir votre souffle circuler dans votre corps. Prenez une grande inspiration par le nez, retenez-la aussi longtemps que possible, puis expirez par la bouche.

Étape 3

Répétez l'exercice régulièrement. De la même manière qu'une seule séance de sport ne suffit pas à vous rendre la forme, la respiration consciente est une discipline à intégrer dans votre quotidien. En outre, elle comporte l'avantage de pouvoir être réalisée n'importe où et n'importe quand : au bureau, en conduisant, dans le métro, devant votre ordinateur… ou en lisant ce livre !

Exercice 31 : Je remets en question mes jugements avec Byron Katie

Avec cet exercice tiré de son site « Le Travail », Byron Katie[1] nous invite à nous libérer du stress énorme que nous subissons lorsque nous contestons ce qui est. Selon elle, se disputer avec la réalité est futile, c'est comme vouloir apprendre à un chat à aboyer comme un chien : « Les personnes qui viennent de découvrir "Le Travail" me disent souvent : "Mais vais-je perdre tout pouvoir si j'arrête de contester la réalité. Si j'accepte simplement la réalité, je vais devenir passif(ve). Je risque même de perdre toute envie d'agir." Je leur réponds par une question : "Pouvez-vous savoir absolument que c'est vrai ?" Qu'est-ce qui donne le plus de pouvoir : "Je n'aurais pas dû perdre mon travail" ou "J'ai perdu mon travail, que puis-je faire maintenant ?" "Le Travail" révèle que ce que vous pensez qui n'aurait pas dû arriver, aurait dû arriver. Cela aurait dû arriver puisque c'est arrivé, et aucune pensée au monde ne peut rien y changer. Cela ne veut pas dire que vous l'excusiez ou l'approuviez. Ceci veut simplement dire que vous pouvez voir les choses sans résistance

1. Byron Katie est une auteure et conférencière américaine qui enseigne une méthode d'autoquestionnement connue sous le nom de « Travail de Byron Katie » (www.thework.com/français)

et sans la confusion liée à votre combat intérieur. Personne ne veut que ses enfants soient malades, personne ne souhaite avoir un accident de voiture ; mais lorsque ces choses-là arrivent, comment s'y opposer mentalement peut-il être aidant ? Nous savons faire mieux que cela, et pourtant nous le faisons, faute de savoir comment arrêter[2]. »

Écrivez l'*a priori* qui est la source de votre râlerie en vous inspirant des instructions ci-dessous. Ensuite, passez à la deuxième étape de cet exercice en vous posant les questions du « Travail ».

Étape 1 : Votre jugement sans retenue

Décrivez quelqu'un qui vous irrite, vous perturbe, vous attriste ou vous déçoit. Qu'est-ce que vous n'aimez pas à son sujet ?

Exemple : « Vincent m'énerve car il critique toujours ce que je fais. Il ne me soutient jamais. »

....

....

....

Comment voulez-vous que cette personne change, que voulez-vous qu'elle fasse ou ne fasse plus ?

Exemple : « Je voudrais que Vincent me soutienne et arrête d'être toujours aussi décourageant sur tout ce que j'entreprends. »

....

....

....

2. Byron Katie, *Aimer ce qui est*, Ariane, 2003.

Avez-vous besoin de quoi que ce soit de la part de cette personne ?

Exemple : « Je voudrais que Vincent me respecte plus et me fasse confiance, et qu'il réalise que je ne suis pas débile et que je peux parfois avoir de bonnes idées. »

....

....

....

Si vous vous laissiez aller à être mesquin(e) et critique, que diriez-vous de cette personne ?

Exemple : « C'est facile de critiquer, mais lui il ne fait pas mieux. D'ailleurs, il ne fait rien. Il remet toujours tout en cause et casse mes projets, mais lui il n'a jamais rien réussi, alors il est mal placé pour me donner des conseils. »

....

....

....

Étape 2 : Les questions du « Travail »

Reprenez chacune de vos affirmations ci-dessus et questionnez-les à l'aide des quatre points ci-dessous.

Est-ce vrai ?

....

....

....

Pouvez-vous savoir absolument que c'est vrai ?

....

....

....

Comment réagissez-vous, que se passe-t-il quand vous croyez que cette pensée est vraie ?

....

....

....

Qui seriez-vous sans cette pensée ? Qu'est-ce que cette réflexion met au jour ? Quel est votre ressenti ?

....

....

....

Étape 3 : Le retournement

Retournez votre affirmation et trouvez un opposé. Pour chaque retournement, trouvez trois exemples authentiques et précis de la façon dont cela est vrai dans votre vie.

Exemple : « Vincent ne me soutient pas » devient « Je ne soutiens pas Vincent » ou « Je ne me soutiens pas moi-même » ou « Vincent me soutient ».

....

....

....

Cette phase de retournement est finalement libératrice car elle nous permet de prendre conscience que nous pouvons tout à fait changer de positionnement par rapport à la situation. Nous pouvons nous libérer de nos « histoires » et de nos jugements. Nous pouvons nous reconnecter avec notre vérité et cesser d'être victimes de l'autre.

Exercice 32 : Mini-challenge

Une bonne façon de commencer ce challenge est de le faire progressivement, sans trop penser aux 21 jours. Ce mini-challenge est un peu comme un échauffement ! Pendant une journée seulement, remplacez vos râleries par des mots d'espoir et vous verrez que vous reprendrez confiance en la vie. Remplacez vos râleries par des mots de gentillesse et vous constaterez que vous devenez gentil(le). Remplacez vos râleries par des mots de courage et vous deviendrez courageux(se).

À la fin de la journée, répondez aux trois questions ci-dessous :

Quelles sont les pensées qui ont remplacé vos râleries aujourd'hui ?

....

....

Avez-vous atteint cet objectif ?

Si la réponse est non, qu'est-ce qui vous a empêché de l'atteindre ?

Étape-clé : Je modifie ma façon de communiquer

Exercice 33 : J'apprends à exprimer mes frustrations et mes besoins autrement

Soyons honnêtes, dans la grande majorité des cas, ce qui nous fait râler, ce sont les autres ! On râle parce que l'autre fait (ou ne fait pas) quelque chose et, du coup, nous avons un besoin qui n'est pas satisfait. Voici un exercice fondé sur la méthode de la communication non violente de Marshall Rosenberg, pour vous aider à comprendre comment communiquer sans râler et être entendu.

Étape 1

Pensez à une râlerie récurrente de votre vie, engendrée par le fait que quelqu'un n'agit pas comme vous aimeriez qu'il le fasse. Décrivez la situation qui contribue ou non à votre bien-être, sans porter de jugement sur l'autre. Veillez à vous exprimer en mode « je » et surtout évitez le mode accusateur du « tu » (le « tu » tue !).

Exemple : « Quand je vois que la table est couverte de bazar... »

Quand je vois... ....

....

....

....

....

Étape 2

Exprimez comment vous vous sentez face à cette situation.

Exemple : « Je me sens… découragé(e), déçu(e), en colère, débordé(e)… »

Je me sens… ....

....

....

....

....

....

Étape 3

Vous êtes sur la bonne voie ! À présent, manifestez votre besoin qui n'est pas satisfait. Attention, votre besoin n'est pas que l'autre fasse quelque chose.

Exemple : « J'ai besoin d'ordre, de moins de stress, de me sentir entendu(e)… »

J'ai besoin… ....

....

....

....

....

....

Étape 4

Exprimez clairement votre demande (sans exigence) en vous centrant sur ce qui pourrait contribuer à votre bien-être. Décrivez des actions concrètes, dans un langage positif. Vous pouvez également indiquer le moment où vous aimeriez que l'action soit faite (avant le dîner, avant le week-end…). Gardez toujours en tête que vous ne donnez pas un ordre, mais que vous exprimez une demande que l'autre peut refuser.

Exemple : « Je souhaite que chacun mette son bol dans le lave-vaisselle et range les boîtes de céréales dans le placard du petit-déjeuner avant que nous partions à l'école. »

Je souhaite… ....

....

....

....

....

....

Étape 5

Il se peut que votre demande ne soit pas acceptée ni comprise. Il va donc vous falloir négocier et trouver un accord. Si l'autre n'est pas prêt à poser l'acte que vous souhaitez, vous devrez prendre le temps de comprendre son point de vue, tout en continuant à chercher une solution pour satisfaire votre besoin. Vous entrez alors dans une phase de négociation. La solution que vous allez trouver n'aura peut-être rien à voir avec votre demande de départ, mais votre besoin sera satisfait.

Exemple : « Mon enfant me dit qu'il n'a pas le temps car il doit mettre ses chaussures et finir son sac. On peut alors trouver un accord ou une autre solution : la veille au soir, je l'aide à préparer ses affaires. »

À vous !

QUIZ

Quel auteur a dit : « Cherchons le bonheur dans le présent. C'est là et là seulement qu'il nous attend » ?

a) Laurent Gounelle

b) Gandhi

c) Paulo Coelho

Réponse : c)

Exercice 34 : J'évite que la cocotte-minute n'explose

Lorsque vous sentez la pression monter, la goutte d'eau qui va faire déborder le vase, le mot de trop que vous allez prononcer… alors c'est que vous êtes en train d'atteindre votre limite ! Dans ces moments-là, nous n'avons pas assez de recul pour réussir à utiliser des techniques de communication non violente. Alors, en désespoir de cause, plutôt que de crier ou de râler, essayez de chanter. Vous pouvez choisir une chanson que vous aimez et changer les paroles. Veillez à vous exprimer en mode « je » : « J'en ai marre », lalalala « Je suis énervé(e) », « Ça ne me convient pas du tout », « Il faut que ça cesse » lalala, « J'ai besoin de »…

Exercice 35 : Je passe mes potins à la passoire

Les potins, les racontars, les « on-dit » sont partout : en famille, entre amis, au bureau… Lorsque nous lançons un potin, que nous y participons ou que nous l'entretenons, nous cherchons en général soit à nous valoriser, soit à entrer en lien avec notre entourage en diminuant une personne qui est absente. Si ces deux besoins sont tout à fait naturels, notre stratégie pour les satisfaire ne l'est pas. Nous mettons de côté la valeur du mot juste et la vertu du silence et de la bienveillance.

Étape 1

Écrivez un potin que vous avez lancé, auquel vous avez participé ou que vous avez entretenu dernièrement. Allez-y, sans vous juger (promis, on ne regarde pas !) :

....

....

....

....

....

Étape 2

Identifiez quel besoin vous avez tenté de satisfaire avec ce potin.

Exemple : « Je voulais m'intégrer dans le groupe… »

....

....

....

....

....

Étape 3

Faites le test des trois passoires (lisez le texte de la p. 201).

Puis, reprenez votre potin de l'étape 1.

1. Le potin était-il vrai ?

....

2. Sur quels éléments avez-vous basé vos propos ?

....

....

....

....

....

3. Ce potin était-il bienveillant pour la personne concernée ? Quel impact aurait-il pu avoir sur cette personne ?

....

....

....

....

....

....

4. Ce potin apporte-t-il une information importante dont les autres ont besoin ?

....

....

....

....

....

....

Étape 4

Reprenez le besoin que vous vouliez satisfaire avec le potin et que vous avez identifié à l'étape 2. Imaginez quelle autre stratégie vous auriez pu mettre en place pour le satisfaire.

....

....

Étape 5

Anticipez ! Désormais, comment allez-vous réagir lorsqu'un potin fera irruption dans votre vie (que vous en soyez à l'initiative ou qu'il vous ait été rapporté par d'autres) ? Qu'allez-vous dire/faire pour l'arrêter et/ou ne pas y contribuer ?

Exercice 36 : Je dissipe les malentendus

Il nous arrive à tous de mal interpréter les actes (ou les paroles) d'un proche et de leur attribuer une signification négative. Nous nous posons alors en victimes et nous râlons, parce que nous sommes face à un manque de communication, qui crée un malaise : « Tu te rends compte, il m'a fait ceci... et ensuite elle a osé dire cela... » Pour vous aider à dissiper les malentendus dans votre vie, faites cet exercice.

Étape 1

Décrivez ce que la personne a fait (ou n'a pas fait).

Exemple : « Elle ne m'a pas dit bonjour ce matin. »

....

....

....

....

....

....

Étape 2

Décrivez ce que vous avez ressenti.

Exemple : « Je me suis senti(e) snobé(e). »

....

....

....

....

....

....

Étape 3

Décrivez le « sens » que vous avez attribué aux faits.

Exemple : « Elle dit qu'elle est mon amie mais en fait elle ne vient vers moi que quand elle a besoin de quelque chose. »

....

....

....

....

....

....

Étape 4

Imaginez une interprétation plus positive des faits.

Exemple : « Elle avait la tête ailleurs, car elle est en train de finir un gros projet. »

....

....

....

....

....

....

J'ARRÊTE DE RÂLER ! L'INTÉGRALE

Étape 5

Que pouvez-vous mettre en place pour clarifier la situation et lâcher prise sur le drame que vous avez vous-même créé ?

Exemple : « Je vais lui parler et lui demander ce que notre amitié représente pour elle. Je vais aussi lui dire ce qu'elle représente pour moi. »

....

....

....

....

....

....

QUIZ

Quel auteur a dit : « Agis toujours bien, tu feras plaisir à quelques-uns et tu étonneras les autres » ?

a) Charles Dickens

b) Mark Twain

c) William Shakespeare

Réponse : b)

Étape-clé : Je change ce que je peux changer

Exercice 37 : Je vais au cœur des choses plutôt que de râler « en surface »

J'ai pu constater que, bien souvent, on râle sur quelque chose « en surface ». On dit : « Mon boulot me saoule » ou « J'en ai ras le bol du métro-boulot-dodo », mais en fait on essaie de combler un besoin plus profond. L'idée de cet exercice est de vous permettre de prendre conscience de votre besoin profond afin que vous puissiez le combler, car râler sur des détails ne permet pas d'avancer.

1. Notez une râlerie qui est très présente dans votre vie.

Exemple : « Mon boulot me saoule. »

2. Répondez ensuite aux cinq « pourquoi ? ».

Exemple (procédez par étapes) :

- Pourquoi mon boulot me saoule ? Parce qu'il y a une mauvaise ambiance.

....

....

....

- Pourquoi est-il important que je travaille dans une bonne ambiance ? Parce que je suis sensible à mon environnement.

....

....

....

- Pourquoi est-il important que mon environnement soit convivial ? Parce que cela me motive et que je n'ai pas envie de travailler quand je suis entouré(e) de potins.

....

....

....

- Pourquoi est-il important qu'il n'y ait pas de potins ? Parce que cela marque un côté infantile et je trouve que nous devrions être au-dessus de cela.

....

....

....

- Pourquoi est-il important d'être au-dessus de cela ? Car cela nous empêche de faire du bon boulot et de servir à quelque chose.

....

....

....

3. Prenez une action pour satisfaire votre besoin profond : quelles actions pouvez-vous choisir qui vous permettent de vous sentir vraiment utile ?

....

....

....

Exercice 38 : Je focalise mon attention sur la solution

Écrivez vos réponses aux questions suivantes :

1. Pensez à une situation qui vous a fait râler dernièrement :

....

Sur une échelle de 1 à 10, notez comment vous vous sentez par rapport à cette situation, 1 étant « je suis affreusement mal par rapport à cette situation », et 10 étant « tout va pour le mieux dans le meilleur des mondes ».

Si vous vous êtes donné un 1, passez à la question 3. Sinon, passez à la question 2 !

2. Parfait, vous ne vous êtes pas attribué de 1 ! Écrivez maintenant de manière très exhaustive ce que vous faites qui vous permet de vous donner cette note et non pas une note plus basse (1 par exemple).

Par exemple : « J'ai été assez désagréable et agressif(ve) avec un collègue hier. Je me mets la note 4, car je ne suis pas satisfait(e), mais je ne me mets pas 1, car je trouve que je suis tout de même une bonne personne. Après l'avoir accusé et l'avoir, il est vrai, un peu trop incriminé, j'ai pris le temps de m'excuser et j'ai essayé de lui expliquer ce qui ne me convenait pas. »

....

....

....

3. Ensuite, demandez-vous quelle pourrait être la première petite chose que vous pourriez faire pour augmenter votre niveau de satisfaction d'un point. Réfléchissez bien et notez autant de choses que possible.

Exemple : « Pour passer de 4 à 5, je pourrais créer un tableau puis avoir plus de visibilité dans le suivi de nos projets. Je crois que cela aidera mon collègue à mieux prendre conscience de ses priorités et des délais à respecter et donc j'aurai moins besoin de râler après coup. Je pourrais aussi organiser des petits rendez-vous hebdomadaires le vendredi autour d'un café pour qu'on parle ensemble et qu'on trouve un accord sur notre manière de fonctionner ensemble. »

....

....

....

4. Au regard de ce que vous avez noté, quels sont les premiers petits pas que vous pourriez faire dans les prochains jours pour augmenter votre niveau de satisfaction ?

Exemple : « Demain, je vais lui parler de mon idée de tableau et voir s'il la trouve bonne. On pourrait peut-être la tester sur notre prochain projet avec les petites réunions hebdomadaires et ensuite faire le point. »

Commencez par poser des actes que vous avez listés et célébrez les fois où vous vous sentez un peu plus satisfait(e).

....

....

....

Cet exercice a été adapté de la « solution focus technique » avec l'autorisation de Mark McKergow, conférencier, formateur et coauteur de *The Solutions Focus*[3].

3. Paul Z. Jackson, Mark McKergow, *The Solutions Focus: making coaching and change simple*, Nicholas Brealey Publications, 2007.

Exercice 39 : Je lâche prise

Loin d'être une vile technique de soumission, le lâcher-prise invite à prendre conscience des éléments extérieurs de sa vie, contre lesquels on ne peut rien, et à ne pas s'épuiser à lutter pour changer la situation. Bien maîtrisé, il permet, dans un second temps, de se concentrer sur le plus important : les domaines de sa vie sur lesquels il est possible d'agir.

Étape 1

Listez toutes les râleries de votre vie contre lesquelles vous ne pouvez rien faire (ou choisissez de ne rien faire, car il est impossible de s'attaquer à tous les problèmes à la fois).

Exemple : les retards dans les transports en commun, un collègue difficile à vivre, une semaine chargée, le contretemps d'un ami qui vous avait promis de venir.

1. ....

2. ....

3. ....

4. ....

Une fois votre liste établie, relisez-la attentivement pour vous assurer qu'il s'agit bien de choses pour lesquelles vous ne pouvez ou ne voulez rien faire.

Étape 2

Prenez la ferme décision de ne plus râler sur ces choses, car ce faisant, vous ne faites que polluer votre vie et celle des autres. Cochez la case si vous êtes prêt(e) à vous engager à ne plus râler sur chacun des sujets que vous avez listés ci-dessus.

1. .... ❑
2. .... ❑
3. .... ❑
4. .... ❑

Exercice 40 : J'arrête de râler une bonne fois pour toutes !

Maintenant que vous avez avancé dans le livre sans le jeter contre un mur, vous connaissez mieux vos râleries et les raisons pour lesquelles elles reviennent sans cesse. Vous avez également pu constater que supprimer les râleries en les remplaçant par des automatismes positifs et créatifs est la base de la réussite du challenge.

Il est temps de passer à la vitesse supérieure.

Étape 1

Dans le tableau ci-contre, notez vos trois râleries principales dans la première colonne.

Dans la deuxième colonne, écrivez une action nouvelle (quelque chose que vous n'avez pas encore essayé, soyez créatif !) et que vous

vous engagez à faire dans les deux jours pour améliorer la situation. Parce que, comme le dit Einstein, « L'insanité consiste à refaire continuellement la même chose en attendant un résultat différent ». Si vous essayez d'arrêter de râler mais que vous ne changez pas ce qui vous fait démarrer au quart de tour, vous n'allez jamais y arriver et vous allez souffrir !

Dans la troisième colonne, choisissez une personne à qui vous devrez rendre des comptes au terme de ce délai. Notez son nom et prévenez-la que vous comptez sur elle pour vous soutenir !

Râlerie 1	Action nouvelle	Soutien
Râlerie 2	**Action nouvelle**	**Soutien**
Râlerie 3	**Action nouvelle**	**Soutien**

Étape 2

Lorsque vous aurez réussi à mettre en place certaines actions dans votre vie pour faire disparaître vos trois premières râleries, recommencez avec trois autres. Ainsi, vous allez faire un grand nettoyage de printemps dans votre vie !

Exercice 41 : Pourquoi je ne tiens pas mes bonnes résolutions

Bien souvent, nous savons exactement ce que nous devons faire pour améliorer notre vie. Prenez le sujet des régimes. Nous savons tous comment perdre du poids, et nous n'avons pas besoin de lire un énième livre sur le sujet. Notre problème vient de nos résistances dans la mise en œuvre de nos résolutions. Cet exercice vous permettra de déterminer ce qui a pu vous bloquer par le passé et de découvrir que le problème n'est pas forcément lié à votre manque de volonté (ouf ! votre honneur est sauf…).

Étape 1

Notez ici une résolution ou un objectif que vous avez essayé de mettre en œuvre par le passé et que vous n'avez pas réussi à accomplir.

Exemple : reprendre des études, parvenir à obtenir de l'aide dans les tâches ménagères, me remettre au sport…

....

....

....

....

....

....

Étape 2

Cherchez à comprendre pourquoi cela n'a pas marché.

Reprenez votre objectif et demandez-vous : « Qu'est-ce que je fais (ou bien qu'est-ce que je ne fais pas) qui m'empêche d'atteindre cet objectif ? »

Soyez honnête et précis(e). Il ne s'agit absolument pas ici de se juger, mais simplement de regarder les choses en face, de manière factuelle.

Exemple : « Je veux me mettre au sport mais je rate toujours le cours », « Je voudrais que ma famille m'aide plus mais c'est toujours moi qui finis par ranger », « Je veux reprendre des études, mais je ne suis pas allé(e) faire le tour des écoles pour choisir le cycle qui me conviendrait », « Je veux perdre du poids mais je ne résiste pas aux sucreries et gâteaux », etc.

Qu'est-ce que j'ai fait, ou pas fait, qui m'a empêché(e) d'atteindre mon objectif ?

....

....

....

....

....

....

Étape 3

Déterminez les peurs qui surgissent quand vous faites le contraire de votre réponse à l'étape 2.

Exemple : « Si je vais à mon cours de sport, je ne pourrai pas dîner à la maison avec ma famille et me reposer », « Si j'insiste pour que les autres m'aident à ranger, je vais passer pour la mégère de service », « Avec la vie que j'ai, si je reprends mes études, je risque non seulement de me planter d'orientation mais, en plus, de ne pas réussir à finir », « Si je ne mange plus de dessert, ma vie va être triste », etc.

Mes peurs pour mon objectif :

....

....

....

....

....

....

Étape 4

Voyons maintenant quelles sont les croyances que vous avez établies pour nourrir les peurs que vous avez décrites à l'étape 3.

Exemple : « Si je ne suis pas à la maison le soir, je ne suis pas un bon parent », « Si je demande à me faire aider, le climat va être pesant », « Je ne suis pas assez intelligent(e). Je ne sais plus apprendre », « Si je ne peux plus manger ce que je veux, je suis condamné(e) à ne plus savourer les plaisirs culinaires », etc.

Mes croyances pour empêcher mon objectif :

....

....

....

....

....

....

Au terme de cette étape 4, vous constatez que si vous n'êtes pas parvenu(e), dans le passé, à persévérer dans vos résolutions, c'est parce que d'autres objectifs et besoins, tout aussi valides, entrent en conflit. Ce n'est pas parce que vous manquez de volonté. Vous voulez atteindre vos objectifs, mais aussi : être un bon parent, contribuer à la sérénité de votre foyer, vous protéger de l'échec, profiter de la vie, etc.

Listez les besoins qui entrent en compétition avec votre objectif :

....

....

....

....

....

....

Étape 5

Il s'agit désormais de vous demander s'il est possible de combiner ces objectifs ensemble.

1. Pour commencer, vous pouvez reprendre vos peurs et vos croyances des étapes 3 et 4 et vous demander : est-ce vrai ?

Mes peurs et croyances qui contrecarrent mon objectif sont-elles fondées ?

....

....

....

....

....

....

2. Pensez-vous qu'il soit possible d'avancer sur vos objectifs tout en assimilant le fait que vos peurs ne soient pas fondées ? Et si vous remplaciez vos croyances négatives par des pensées plus ouvertes sur les possibilités ? Vous pourrez ainsi vous construire un nouveau système de valeurs, qui vous permettra de bâtir votre vie et de râler moins.

Exemple : « Ce n'est pas la quantité du temps passé en famille qui compte, c'est la qualité. Si je prends soin de moi, ma famille entière en bénéficiera », « Il est possible de valoriser le travail de la maison et de donner une occasion à chacun de pouvoir y contribuer », « J'ai réussi dans le passé. Il s'agit juste de s'y remettre », « Les gâteaux ne sont pas la seule source de plaisir dans la vie », etc.

Quelles sont les nouvelles croyances que je veux développer par rapport à mon objectif ?

....

....

....

....

....

....

....

....

....

Qu'est-ce que je vais faire différemment à partir de maintenant ?

....

....

....

....

....

....

....

....

....

Exercice 42 : Mini-challenge : 10 minutes par jour

Vous avez un projet qui vous tient à cœur ? Un projet si important que vous pensez que vous n'aurez jamais le temps de vous y consacrer pleinement ? Un projet si énorme que vous ne savez pas par où commencer ? Ce mini-challenge vous invite à commencer aujourd'hui. Donnez-vous la permission de passer simplement 10 minutes par jour pour travailler à votre objectif. Le fait qu'il ne s'agisse que de 10 minutes vous ôtera toute pression et vous permettra tout simplement... de vous y mettre ! Ce qui compte, ce n'est pas de tout faire en un jour, mais plutôt de réaliser un pas chaque jour. Le pouvoir est dans la répétition.

Notez ici le projet que vous allez commencer aujourd'hui et auquel vous allez consacrer 10 minutes par jour.

....

....

....

....

....

....

....

....

....

....

Étape-clé : Je remplace mes râleries par des célébrations

Exercice 43 : Je célèbre chaque jour !

Ceux qui ont tenté l'aventure d'arrêter de râler se sont vite rendu compte que soudainement, il y avait beaucoup de blancs dans leurs conversations ! Or la nature n'aime pas le vide et il peut être tentant de combler ce vide en laissant vos râleries revenir. Il est donc important d'apprendre à remplacer vos mots de râleries par des paroles de célébration.

Dans le tableau ci-dessous, listez trois belles choses de votre journée à célébrer, mais qui sont passées inaperçues car elles ont été noyées sous vos râleries (un projet bouclé, un souci réglé, un rayon de soleil, votre enfant qui vous tient la main…). Demandez-vous ensuite comment vous pouvez mettre en mots votre gratitude.

Exemple : « Je vais aller remercier cette collègue pour le service qu'elle m'a rendu », « Ce soir, je vais partager avec mon (ma) conjoint(e) cet article que j'ai lu et qui m'a beaucoup intéressé(e) », « Je vais envoyer un petit texto à ma meilleure amie pour la remercier de m'avoir fait tant rire lors de notre dernière soirée », etc.

Les 3 choses à célébrer	Comment je vais les exprimer
1.	
2.	
3.	

Exercice 44 : Mini-challenge

Ce soir, au cours du dîner (ou la prochaine fois que vous aurez de la compagnie pour un repas), demandez aux personnes autour de la table d'énoncer ce qu'elles ont à célébrer aujourd'hui. Chacun prend la parole pendant 2 à 3 minutes. On peut partager une rencontre, un article intéressant, un fou rire, un projet qu'on a fini, un coup de fil sympathique… Attention (yeux sévères !), ne reportez pas à demain, faites-le dès ce soir !

Cochez cette case si vous êtes prêt(e) à essayer aujourd'hui. ❑

Exercice 45 : Je crée ma table de la célébration

Beaucoup d'exercices de ce livre insistent sur l'importance de la gratitude et de la célébration pour remplacer nos sempiternelles râleries. Nous vous proposons de matérialiser ces notions, pour mieux vous les approprier. C'est parti pour votre table de célébration !

Dans votre maison, installez une petite table ou choisissez une étagère pour vous créer un espace de célébration. Décorez et remplissez cet espace afin qu'il vous inspire la célébration et la gratitude : fleurs, coquillages, photos des personnes que vous aimez, images qui représentent votre bonheur ou objets envers lesquels vous avez de la gratitude (votre fiche de paie, le billet d'un spectacle que vous avez aimé, votre ouvrage fétiche…). N'hésitez pas à ajouter des objets ou à en enlever pour mettre votre espace dédié à jour.

Conseils

Vous pouvez même aller jusqu'à mettre sur votre table des choses qui, *a priori*, ne vous inspirent pas la célébration au premier abord. Par exemple, votre déclaration d'impôts (si vous payez des impôts, c'est que vous avez des revenus et que vous êtes au-dessus du seuil de pauvreté) ou bien une photo de votre collègue insupportable (il vous apprend la patience et la compassion). Lorsque vous partez de chez vous, vous pouvez emporter l'un de ces objets et le glisser dans votre poche ou votre sac. Il vous rappellera votre désir de plus de gratitude et de célébration dans votre vie.

Exercice 46 : Je célèbre avec un ami !

Il faut admettre que nous n'avons pas l'habitude d'exprimer notre gratitude. Au début, c'est un peu comme si nous parlions une langue étrangère et nous avons tendance à rester silencieux (ou, pire, à partager des râleries !) plutôt que d'exprimer le bonheur. Cet exercice vous propose de trouver un « pote de célébration » !

Choisissez une personne de votre entourage, avec laquelle vous allez prendre rendez-vous tous les jours, tous les deux jours ou une fois par semaine, par téléphone ou de visu. Avec ce « pote de célébration », vous allez partager ensemble tout ce qui va bien, ce qui va dans le bon sens, ce qui marche, ce que vous avez accompli, ce que vous aimez… Pendant ce temps sacré, vous ne ferez rien d'autre, de façon à être en immersion totale de célébration ! Ne ratez pas ce rendez-vous (car il est certain que des résistances vont surgir !). Votre bonheur en dépend !

Pour conclure

> *La vie est un défi à relever, un bonheur à mériter, une aventure à tenter.*
>
> **Mère Teresa**

Après 21 jours...

Voilà, j'ai réussi à tenir 21 jours consécutifs sans râler, et je suis fière de moi. Je dois tout de même avouer qu'avec le temps, ce challenge est devenu de plus en plus naturel, de plus en plus simple pour moi. Finalement, râler a disparu petit à petit de mes options.

Désormais, quand je me retrouve face à un problème ou une frustration, l'éventail de mes possibilités est élargi. Je peux :

- changer de point de vue ;
- gérer la situation au plus vite en faisant de mon mieux ;
- communiquer sans juger et trouver un accord ;
- patienter ;
- faire des ajustements, éviter que le problème ne se reproduise, etc.

Mais râler ne fait plus partie de ce que j'envisage et c'est un profond soulagement. C'est un soulagement car j'ai l'impression d'avoir supprimé une nuisance. Une nuisance qui me polluait, m'empêchait de vivre pleinement ma vie, une nuisance qui me limitait, me rendait victime et en même temps accusatrice.

Vous verrez vous-même qu'en faisant le challenge et en vous engageant à ne pas râler pendant 21 jours consécutifs, vous allez développer un optimisme concret qui va vous libérer et vous donner du pouvoir. Du bon pouvoir, le vrai pouvoir, celui qui fait avancer les choses. Vous irez de l'avant et vous serez bien dans vos baskets. Vous vous sentirez solide, serein et inébranlable.

Changer sa vie

Chercher à se débarrasser d'un réflexe tellement ancré en nous n'est pas facile, c'est vrai, mais si vous osez commencer aujourd'hui, vous pourrez dès demain commencer à vivre plus sereinement la vie que vous souhaitez du fond de votre cœur, comme l'explique une lectrice du blog.

« Eh bien, je dois avouer que je suis tout simplement fière de moi, rien de moins ! En fait, je me sens bien mieux au fond de moi… Et mes filles se sentent aussi mieux !
Depuis que j'essaye de moins râler, j'ai été capable de reprendre un état d'esprit de dialogue. J'explique à nouveau plus les choses. Je me sens redevenir celle que je pense être au fond de moi, celle que je veux être. Je me sens heureuse d'être cette personne. Bien plus que quand je râle et que j'ai l'impression de ressembler à Baba Yaga, la méchante sorcière ! »

Nathalie

Tout ne sera pas rose dès demain mais, chaque jour, vous ferez des progrès et vous découvrirez de nouvelles manières de fonctionner. L'important, c'est de commencer.

Ce challenge est un mode d'emploi aux instructions très simples. Et je voudrais vous inviter à ne pas faire le challenge pour lui-même, comme un défi, mais plutôt pour acquérir de la sérénité. Gardez en tête que les objectifs sont votre bonheur, votre légèreté, votre joie de savourer la vie et de profiter pleinement de chaque jour qu'il vous est donné de vivre.

Et ça marche ! J'ai pu le constater dans ma propre vie, et régulièrement je reçois des messages de personnes qui, comme moi, ont tenté le challenge. En modifiant leur façon de communiquer, et en regardant en face les sources de frustration de leur quotidien, elles ont commencé à prendre leur vie en main et à « créer » un quotidien qui les rend heureuses. Ces gens sont des gens tout à fait ordinaires qui ont eu soif d'une vie extraordinaire.

Vivre sa vie sans râler est un choix qui devient ensuite comme une « hygiène de vie ». Cela demande de la discipline au quotidien. Nous devons nous rappeler à tout instant nos objectifs et nos valeurs.

> Nous sommes ce que nous répétons sans cesse. L'excellence n'est donc pas un acte mais une habitude.

***Éthique à Nicomaque, II, 1,* Aristote (384-322 av. J.-C.)**

Ce challenge n'est pas quelque chose que nous pouvons faire à moitié. Il faut être profondément engagé. Nous devons persévérer et nous améliorer dans les domaines qui nous tiennent à cœur. La persévérance est une qualité que l'on trouve chez toutes les personnes accomplies (celles qui ont su avancer et dépasser les obstacles pour réussir – comme Thomas Edison qui a fait d'importantes découvertes sur l'électricité après une série invraisemblable d'échecs), et avec ce challenge c'est à chacun d'avancer pas à pas, en acceptant les obstacles, en ne se laissant pas aller à baisser les bras et déclarer forfait trop tôt, en tirant les leçons de nos réussites comme de nos échecs.

> Le pessimisme est d'humeur, l'optimisme est de volonté. Tout homme qui se laisse aller est triste.
>
> ***Propos sur le bonheur*, Alain (1925)**

Pour réussir ce challenge, il faut commencer par y croire. Croire en votre capacité de « créer » une vie où vous n'avez plus de raison de râler.

En réalisant ce challenge, vous allez devenir de plus en plus conscient des choses internes ou externes qui vous empêchent de vivre pleinement votre vie. Et, jour après jour, vous allez changer vos habitudes et bâtir une vie qui vous rend pleinement heureux. Ce challenge est le vôtre. À vous de vous prendre en main et d'y croire. Je n'ai aucun doute sur votre capacité à y arriver.

> « Avec ce challenge, j'ai compris que râler vient aussi spontanément, et que ce qui est important pour changer, c'est de mettre le doigt sur le mécanisme qui nous pousse à râler (bien souvent malgré nous, on ne peut pas s'en empêcher), et non sur la râlerie en elle-même. C'est comme le mec qui continue à essuyer le sol alors qu'il ne voit pas que c'est le robinet qui est ouvert et coule indéfiniment ! »
>
> Matyas

« J'ai décidé d'arrêter de râler un 1er janvier.
Je connaissais le challenge depuis le début et j'avais très envie de le faire, mais je ne m'en sentais pas capable. Il m'a fallu six mois pour réussir à lâcher prise et à y croire.
Mes freins étaient les suivants : ça va être trop difficile, je ne vais pas me rendre compte que je râle, car c'est trop ancré dans mon quotidien. Mais également : je ne suis pas prête à vivre les grands changements qui vont en découler, comme un éloignement de ma culture familiale d'origine, ou de certaines relations basées sur les râleries.
J'ai finalement décidé que je voulais vivre une vie heureuse et que m'éloigner des relations négatives serait certainement bénéfique. Sans rejeter ceux qui râlent, je prends conscience chaque jour que j'ai choisi de ne pas m'abreuver à cette source que je ressens comme toxique.
Je peux écouter quelqu'un qui râle, mais par rapport à avant, je pose ma limite, en douceur, quand je sens que sa râlerie me contamine. J'apprends donc à me respecter. Et j'en dégage une meilleure estime de moi.
Je n'en suis qu'au début de la reprogrammation, mais le fait d'avoir su choisir le bon moment pour me lancer m'apporte une certaine confiance et conforte mon choix : je veux vivre heureuse et entourée par des gens positifs, ou plutôt, entourée par le côté positif des gens. »

Marie-Laure

La communication non violente

Voici une liste de mots pour vous aider à communiquer vos frustrations sans râler. Parfois, on râle parce qu'on n'a pas les mots pour dire le fond de nos pensées. Les outils de communication non violente de Marshall B. Rosenberg auxquels je fais référence dans ce livre viennent alors à notre secours avec les tableaux ci-dessous.

Besoins humains que nous avons tous en commun (quelques-uns de nos besoins...)

Bien-être/survie	
Abri	Respiration
Alimentation, hydratation, évacuation	Stimulation sensorielle
Envie sexuelle	Sécurité (affective et matérielle)
Lumière	Préservation (du temps, de l'énergie...)
Mouvement, repos	Protection
Reproduction (survie espèce)	
Autonomie	
Liberté	Choisir ses rêves/objectifs/valeurs
Interdépendance	Choisir les moyens de réaliser ses rêves
Interdépendance	
Acceptation	Appartenance
Affection, amour	Appréciation

Chaleur humaine	Considération
Confiance	Contribution à la vie (des autres, de la mienne)
Accomplissement	
Apprentissage	Croissance, évolution
Authenticité	Expression
Beauté, harmonie	Inspiration
Conscience	Intégrité
Créativité	Paix
Réalisation	
Sens, compréhension, orientation	Sincérité, honnêteté (qui nous permet de tirer des leçons de nos limites)
Spiritualité	
Autonomie	
Liberté	Choisir ses rêves/objectifs/valeurs
Interdépendance	Choisir les moyens de réaliser ses rêves
Interdépendance	
Acceptation	Contribution à la vie (à celle des autres, à la mienne)
Affection, amour	Donner et recevoir (de l'attention, affection, amour, tendresse)
Appartenance	Empathie
Appréciation	Intimité, proximité
Chaleur humaine	Partage, participation
Confiance	Respect de soi/de l'autre
Considération	

Jeu	
Défoulement	Récréation, ressourcement
Célébrations	
Apprécier la vie et des réalisations	Commémoration des deuils et des pertes (d'une personne aimée, d'un rêve...), ritualisation, partage des joies et des peines

Source : © Association pour la communication non violente, nvc-europe.org/France/ et nvcwiki.com

Sentiments que nous éprouvons lorsque nos besoins ne sont pas satisfaits

Abattu	Apeuré	Craintif
Accablé	Appréhension (plein d')	Crispé
Affamé	Assoiffé	Curieux
Affligé	Aversion (avoir de l')	Décontenancé
Affolé	Blessé	Découragé
Agacé	Bloqué	Déçu
Agité	Cafardeux	Dégoûté
Aigri	Chagriné	Démonté
Alarmé	Choqué	Démoralisé
Âme en peine (L')	Cœur brisé (avoir le)	Démuni
Amer	Concerné	Dépassé
Angoissé	Confus	Dépité
Animosité (plein d')	Consterné	Déprimé
Anxieux	Contrarié	Dérangé
Apathique	Courroucé	Désappointé

Bonus

Désarçonné	Excédé	Indolent
Désarmé	Excité	Inerte
Désespéré	Fâché	Inquiet
Désolé	Fatigué	Insatisfait
Détaché	Fourbu	Insécurité (en)
Douloureux	Fragile	Insensible
Ébahi	Frousse (avoir la)	Instable
Ébranlé	Frustré	Intéressé
Écœuré	Furieux (fou)	Intrigué
Effrayé	Gardes (sur ses)	Irrité
Élan (sans)	Grognon	Jaloux
Embarrassé	Haineux	Las
Embêté	Haletant	Lourd
Embrouillé	Hésitant	Mal à l'aise
Endormi	Honteux	Malheureux
Énervé	Horrifié	Mécontent
Ennuyé	Horripilé	Méfiant
Enragé	Hors de soi	Mélancolique
Envieux	Humeur noire (d')	Moral (qui n'a pas le)
Épouvanté	Impatient	Navré
Éprouvé	Impuissant	Nerveux
Épuisé	« Inconfortable »	Paniqué
Éreinté	Incrédule	Peiné
Étonné	Indécis	Perplexe
Exaspéré	Indifférent	Perturbé

Pessimiste	Tourmenté	Ou bien plein…
Préoccupé	Triste	D'agressivité
Réticent	Troublé	D'appréhension
Saturé	Ulcéré	D'aversion
Sceptique	Vexé	De dégoût
Secoué	Vidé	De culpabilité
Seul		D'ennui
Soucieux	Ou bien d'humeur…	De lassitude
Soupçonneux	Chagrine	De peur, de trouille
Stupéfait	Maussade	De pitié
Surexcité	Massacrante	De rancœur
Surpris, terrifié	Morose	De réserve
Tiraillé	Sombre	De ressentiment

Source : © Association pour la communication non violente, nvc-europe.org/France/ et nvcwiki.com

Bibliographie

Ressources utilisées pour écrire cet ouvrage et à lire pour vous aider dans le challenge

Christophe André, *Imparfaits, libres et heureux,* Odile Jacob, 2009

Thomas d'Ansembourg, *Cessez d'être gentil, soyez vrai : être avec les autres en restant soi-même,* Éditions de l'Homme, 2014 (DVD inclus)

Angeles Arrien, *Les Quatre Voies de l'initiation chamanique,* Véga, 2004

Marcelle Auclair, *Le Livre du bonheur,* Seuil, 2004

Marc Aurèle, *Pensées pour moi-même,* Flammarion, 1999

Will Bowen, *21 jours sans se plaindre,* Éditions de l'Homme, 2015

David D. Burns, *Se libérer de l'anxiété sans médicaments : la thérapie cognitive, un autotraitement révolutionnaire de la dépression*, J.-C. Lattès, 1996 (voir aussi son site en anglais : www.feelinggood.com/Dr_Burns.htm)

Dalaï-Lama (avec Howard Cutler), *L'Art du bonheur : sagesse et sérénité au quotidien,* J'ai lu, 2000

Anne Dufourmantelle, *En cas d'amour : psychopathologie de la vie amoureuse,* Rivages, 2012

Hale Dwoskin, *La Méthode Sedona : l'art du lâcher-prise,* Éditions du Gondor, 2010

Épictète, *Manuel d'Épictète,* Flammarion, 1999

Adèle Faber et Elaine Mazlish, *Parler pour que les enfants écoutent, écouter pour que les enfants parlent,* Éditions du Phare, 2012

Adèle Faber et Elaine Mazlish, *Jalousies et rivalités entre frères et sœurs,* Stock, 2003

Daniel Todd Gilbert, *Et si le bonheur vous tombait dessus,* Robert Laffont, 2007

Laurent Gounelle, *Dieu voyage toujours incognito, L'Homme qui voulait être heureux,* Anne Carrière, 2010

Byron Katie, Stephen Mitchell, *Aimer ce qui est : vers la fin de la souffrance,* Ariane, 2003

Wayland Myers, *Pratique de la communication non violente : établir de nouvelles relations,* Jouvence, 2007

Matthieu Ricard, *Plaidoyer pour le bonheur,* Nil Éditions, 2003

Marshall B. Rosenberg, *Les mots sont des fenêtres (ou bien ce sont des murs*), La Découverte, 2004

Marshall B. Rosenberg, *La Communication non violente au quotidien,* Jouvence, 2003

Don Miguel Ruiz, *Les Quatre Accords toltèques : la voie de la liberté personnelle,* Jouvence, 2005

Sénèque, *De la tranquillité de l'âme,* Mille et une nuits, 2003

Sénèque, *De la brièveté de la vie,* Mille et une nuits, 1998

Sénèque, *De la vie heureuse,* Flammarion, 2005

Sénèque, *Lettres à Lucilius,* Mille et une nuits, 2002

Marci Shimoff, *Heureux sans raison : la quête d'un bonheur pur et véridique,* Monde différent, 2009

Yves-Alexandre Thalmann, *Les gens heureux ne s'inquiètent pas de savoir si c'est vrai : ils se racontent de belles histoires,* Marabout, 2014

Yves-Alexandre Thalmann, *Petit Cahier d'exercices pour voir la vie en rose* (illustré par Jean Augagneur), Jouvence, 2015

Yves-Alexandre Thalmann, *Petit Cahier d'exercices d'entraînement au bonheur,* Jouvence, 2009

Yves-Alexandre Thalmann, *Petit Cahier d'exercices pour vivre sa colère au positif,* Jouvence, 2014

Eckhart Tolle, *Le Pouvoir du moment présent,* J'ai lu, 2010

Eckhart Tolle, *Nouvelle Terre : l'avènement de la conscience humaine,* Ariane, 2005

Marianne Williamson, *Un retour à l'amour : manuel de psychothérapie spirituelle : lâcher prise, pardonner, aimer,* J'ai lu, 2010

Livres pour vos enfants

Tous ces livres sont facilement disponibles chez les libraires ou sur www.pourpenser.fr

Gary Anderson, Adrien Bernard-Reymond, *Contes par-delà l'horizon,* Pourpenser, 2009

Lise Daulin, *Juste une rencontre,* Pourpenser, 2007

Pierre Hedrich, Galou, *La Tache rouge,* Pourpenser, 2009

Stéphanie Léon, *Le Dragon qui se regardait le nombril,* Pourpenser, 2006

Aline de Pétigny, *Petites Pensées à l'endroit*, 4 tomes, Pourpenser, 2004

Aline de Pétigny, *La Légèreté d'Adélaïde,* Pourpenser, 2006

Aline de Pétigny, *Lili colère,* Pourpenser, 2010

Aline de Pétigny, *Le Prince et le Sage,* Pourpenser, 2004

Aline de Pétigny, *La Princesse et la Bergère et deux autres contes,* Pourpenser, 2007

La communication non violente sur Internet

Communication non violente : www.nvc-europe.org/france

Site de l'auteur Thomas d'Ansembourg (formateur certifié en communication non violente et auteur du livre *Cessez d'être gentil, soyez vrai : être avec les autres en restant soi-même*) : www.thomasdansembourg.com

Gestion positive des conflits : users.skynet.be/martine.marenne

Table des exercices

✏ *Pour communiquer avec Christine*

Pour partager vos témoignages sur ce livre, je vous invite à poster un commentaire sur le blog www.jarretederaler.com
Vous pouvez aussi télécharger sur ce blog votre kit gratuit J'arrête de râler.

Du même auteur

Dans la même collection

Collection dirigée par ANNE GHESQUIÈRE
J'ARRÊTE
MARIE-FRANCE ET EMMANUEL
BALLET de COQUEREAUMONT
D'AVOIR PEUR !
21 jours
POUR CHANGER
EYROLLES

Collection dirigée par ANNE GHESQUIÈRE
J'ARRÊTE D'ÊTRE
BARBARA MEYER
ISABELLE NEVEUX
DÉBORDÉE !
21 jours
POUR CHANGER
EYROLLES

Collection dirigée par ANNE GHESQUIÈRE
J'ARRÊTE LE
JOANNE TATHAM
SUPERFLU !
21 jours
POUR CHANGER
EYROLLES

Collection dirigée par ANNE GHESQUIÈRE
J'ARRÊTE
MARION KAPLAN
LA MALBOUFFE !
21 jours
POUR CHANGER
EYROLLES

Collection dirigée par ANNE GHESQUIÈRE
J'ARRÊTE DE...
(ME) JUGER !
OLIVIER CLERC
21 jours
POUR CHANGER
EYROLLES

Collection dirigée par ANNE GHESQUIÈRE
J'ARRÊTE
MARLÈNE SCHIAPPA
CÉDRIC BRUGUIÈRE
DE M'ÉPUISER !
Comment prévenir le burn-out
21 jours
POUR CHANGER
EYROLLES

Dépôt légal : janvier 2016
IMPRIMÉ EN FRANCE

Achevé d'imprimer le 7 janvier 2016
sur les presses de l'imprimerie *La Source d'Or*
63039 Clermont-Ferrand
Imprimeur n° 13409

PEFC/10-31-2008

Dans le cadre de sa politique de développement durable,
La Source d'Or a été référencée IMPRIM'VERT®
par son organisme consulaire de tutelle.
Cet ouvrage est imprimé - pour l'intérieur - sur papier offset standard 90 g
provenant de la gestion durable des forêts,
produit par des papetiers dont les usines ont obtenu
les certifications environnementales ISO 14001 et E.M.A.S.